JN094197

LDの子が見つけた こんな勉強法

[編著]
野口晃菜
一般社団法人 UNIVA理事
田中裕一
兵庫県立山の学校 学校長、
前文部科学省特別支援教育調査官

合同出版

「学び方」は
ひとつじゃ
ない!

はじめに　――この本の使い方――

◆支援者や保護者のみなさまへ

この本は、多数派（マジョリティ）とは学び方が異なる当事者とご家族の協力を得て、これまでの学校生活で困った経験と困りごとに対してどのような工夫をしてきたかを一冊にまとめた本です。
支援者や保護者が読んで参考にしたり、困難さを感じているLDの子どもたちと共に活用できるつくりにしています。この本ではマジョリティと学び方が異なることをLearning Difference（LD）と呼びます。

自分に合った学び方を知ったり、学ぶうえでの困難さと付き合っていくためには、専門家の助言も大切ですが、実際にLD当事者がどのようにして工夫してきたのか？困難さと付き合ってきたのか？　について知ることがとても大切です。この本ではなるべくご本人の言葉をそのまま掲載しています。

編者の野口・田中はふだん専門家として特別支援教育に携わっていますが、私たち自身も本書をつくる中で、たくさんのLD当事者の工夫を知り、初めての発見がたくさんありました。

学び方において「これだけが唯一の解」というものはないと私たちは考えています。本書に書いてある工夫も、誰にとっても必ずうまくいくわけではありません。
ぜひ多様な学び方の工夫や困りごとの解決方法を、みなさんがふだん接している子どもたちと相談しながら一緒に試してみてください。5ページの本人へのメッセージを一緒に読んでいただき、もくじから本人に合いそうな工夫を探して一緒に読んでみてください。さまざまな年齢の人の工夫を取り上げていますが、年齢が違っても参考になる部分があると思います。また事例によっては保護者が書いているものもあります。96～100ページにはもくじには掲載されていない工夫のリストもあります。第2章と第3章にはLD当事者がこれまで実践してきた困難さに対する対処方法のほかに、さまざまなLD当事者のインタビューや、支援者からのメッセージもあります。

今の社会も学校も、残念ながら多様な人がいることは前提となっておらず、多数派（マジョリティ）を中心としたものになっているため、学ぶうえで障壁がある子どもたちがたくさんいます。その障壁を解消するために、「合理的配慮」を申請する権利がありますが、自分にとって必要な合理的配慮を知っていて、それを他者に伝えていいんだ、と思えないと、合理的配慮を伝えるハードルは高いでしょう。この本を通じて、自分に合っている学び方を知り、それを周りの人に伝えてもいいんだ、こうやって伝えるんだ、こういう先輩がいるということを知ってもらえたらと思います。

◆学校での学び方が合わないと感じるあなたへ

あなたは学校が楽しいですか。あまり楽しくないですか。
学校にはいろんな人がいます。そして、人には、一人ひとり自分に合った学び方や過ごし方があります。
けれど、今の学校の仕組みだと、「みんな同じ」学び方や過ごし方をするように言われることが多いです。もしかしたら、あなたには「みんなと同じようにできないのは自分が悪いのかな……」と思ってしまうときがあるかもしれません。
「みんな同じ」学び方や過ごし方でとくに困らない人もいますが、困る人もいます。
そういうときには、「自分はこういう学び方の方がいい」「学校でこういう過ごし方をしたい」と先生に伝えてよいのです。
この本は、今の学校のルールや教わった学び方が合わないなあ、と思っている人に向けて書きました。

この本には、みなさんと同じ悩みを抱えている人たちがやってきた工夫をたくさん載せました。同じ悩みでもいろいろな工夫があるので、自分に合っているかどうかは、実際に試してみてください。「これをやれば絶対うまくいく！」という魔法のようなものではありません。
一つがうまくいかなくても、考え方を参考にしたり、別の工夫を試してみることをお勧めします。そして、いろいろな工夫をヒントにして、あなたオリジナルの工夫もぜひ発見してみてください。
もし、「そのやり方はここではできません！」と大人に言われたら、ぜひこの本を紹介してみてください。

学校でのいろいろな工夫のほかに、生活や将来のことも気になるあなたの参考になるように、当事者とその家族のインタビューもあります。学校で困りごとがあった人たちはどのように困りごとと付き合ってきたのか？　どうやって自分の困りごとや工夫を周りの人に伝えてきたのか？　など、参考にしてみてください。
そして、学校で困っている人を応援している人たちからのメッセージもあります。
困ったときにどんな人が相談に乗ってくれそうか、参考にしてみてください。

この本が少しでもみなさんの力になれますように。

もくじ

2章　LD当事者と家族へのインタビュー

3章　応援者からのメッセージ

1章
私たちが工夫してきたこと

年齢も経験もさまざまな当事者や保護者に、これまで学校で過ごす中で工夫してきたことを詳しく聞きました。
左側のページにはイラストと工夫が書いてあり、右側のページには具体的なエピソードが紹介されています。
ページの右下には編者からのメッセージもあります。さまざまな工夫を応用するときに参考にしてください。

この本では診断名を便宜上統一していますが、執筆者が診断を受けた時期によって名称が異なることがあります。

- ASD（自閉スペクトラム症）
- LD（学習障害）ディスレクシア　書字障害　読字障害　計算障害
- ADHD（注意欠如・多動症）
- DCD（発達性協調運動障害）
- 軽度知的障害
- 広汎性発達障害

読み

漢字の読みがわからないときはアプリで判別！

【診断名】●ADHD　●LD

困ったこと

- 何度も同じ所を読んでしまう。
- とくに漢字の読み書きがむずかしい。
- 似ている漢字（「門」と「問」など）を混同してしまう。
- 漢字はまるで習ったことのない言語の文字のように見えて読めない。

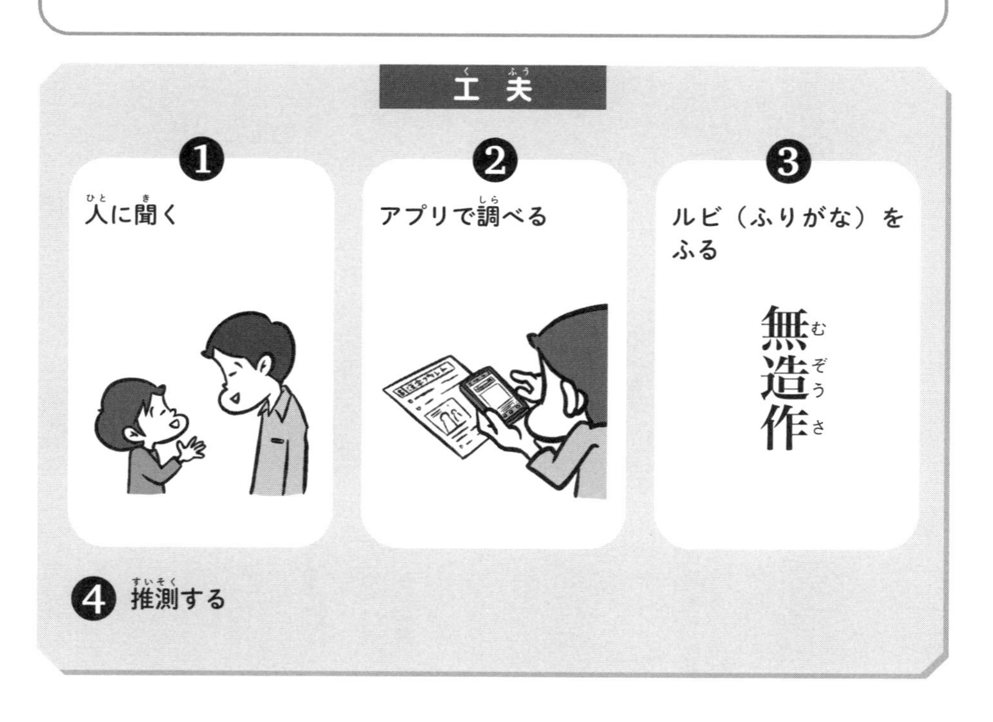

ルビをふったりアプリを使ったりする

　わからない漢字を調べるにしても、何をどう調べたらいいのかわからずに困っていました。文章を読んでいるときにわからない漢字が出てきたら、人に聞いたりアプリで調べます。１回ではわからないのですが、５～６回調べてようやくぼんやりとわかります。カメラ機能をかざすと文字を判別できるアプリ（Google レンズ）を使っています。

　中学２年生のときに通級の先生が、英語の教材にカタカナで読み方を書いてくれて、とても読みやすくなりました。そこから「漢字にもルビをふったらいいんだ」と気づき、自分でわからない漢字にルビをふるようになりました。通常学級では、先生が音読しているときはその間にルビをふるか、自分の担当がどこになるのかを推測して、事前に自分でルビをふってから授業に臨んでいました。

　高校２～３年生ごろになって、ようやく少しずつわかる漢字が増えてきました。たまにわからない漢字があったら、上と下の文章からどんな意味を持つ漢字かを予想することもできるようになってきて、だいぶ楽になりました。

漢字がわからない、という一つの困りごとに対して、
いろいろな工夫があるんだね！
教科が変わっても使える工夫、ほかにもありそう。
自分に合っているやり方を探してみよう。

読み

英語の読みと意味理解の負担を分ける

【診断名】●ディスレクシア

困ったこと

- 文字を音に変換することに時間がかかる。
- 文字から意味を思い出すのに時間がかかる。

工夫

❶ 翻訳ツールを使って日本語の意味をつかむ

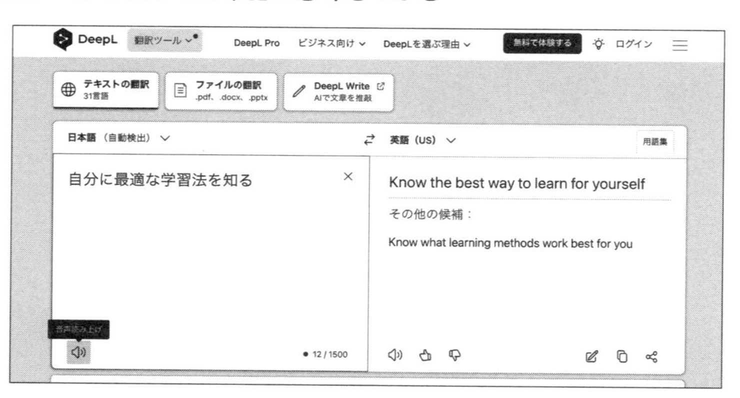

❷ 読み上げ機能を使って英語を音に変換する

翻訳ソフトで英文の内容をざっくりとつかんでから原文を読む

最初は、英単語をネットで検索して意味を理解しようとしていました。しかし、一つひとつ検索していると手間がかかりすぎるため、途中で断念しました。

英語を音に変換すること、中でも英語の不規則な音の読みが苦手で、ローマ字読みをしてしまって読めませんでした。

また、見た英単語から意味を想像することにも力をとられるので、文章の内容が理解できずに困りました。

そこで、翻訳ソフトのDeepLを使いました。DeepLはニューラル機械翻訳サービスです。それを使っておおまかに内容を理解してから読むと、英文を読む負担が減りました。また、文字を音に変えることに力を使っていましたが、読み上げ機能を使うことでその労力を減らし、英文の細かい理解もしやすくなりました。現在では仕事で英語の学術論文を調べたり、海外のニュースを調べる際に役立っています。

むずかしいことを同時にいくつか進めていこうと思っても大変だよね。そこでちょっとソフトやアプリ、パソコンの力を借りる。一つずつクリアしていく方法を考えるのって、ゲームのクエストをクリアするみたいで楽しいかも。

読み

自分の見え方に合ったパソコン設定

【診断名】● ASD

困ったこと

- 文章の同じ行を何度も読んでしまうことがある。
- 集中力を保つのがむずかしい、気が散りやすい。
- ノートをとるときに筆圧がコントロールしづらく、疲れやすい。
- 明るい画面だと、長時間タブレットやパソコンを見続けることで具合がわるくなる。

工夫

❶ ダークモードにして刺激を減らす

❷ 色分けするなど、自分なりのシステムをつくる

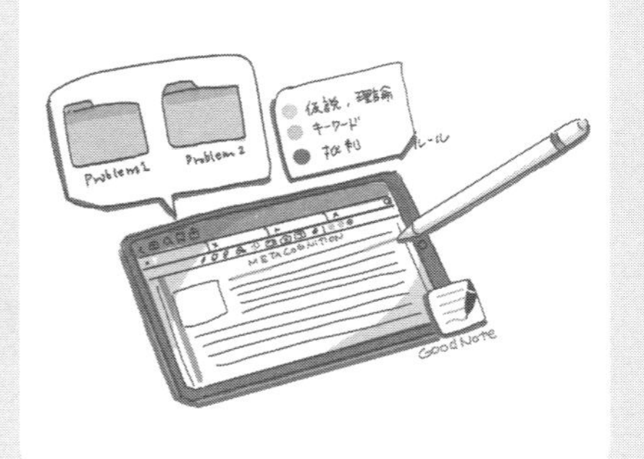

❸ Google Chrome の拡張機能を使う

ダークモードにして目からの刺激を減らす

大学では毎週２回授業でディスカッションの時間があります。その準備のために、決められた時間内で効率よく資料を読み込み、まとめを作成する必要があります。そのときに活躍しているのが、Google Chromeの拡張機能と GoodNotes というアプリです。

私は光に対する過敏があるため、情報量が多すぎたり白すぎる画面ではすぐに目が疲れてしまいます。そんなとき、サイト上の文字の大きさや、フォント、背景画像の除去、背景をダークモードにすることが可能な Mercury Reader という機能を使って、文字を読む際のストレスを減らしています。また、Visor という、読んでいる部分以外を暗くする機能を使うことで、同じ行を何度も読んでしまうことがなくなりました。

ほかにも、パソコンや iPad を利用したデジタルノートテイキングで文字を書く負担を軽減することができます。自習のときに、資料をPDF 化し、GoodNotes に移動した後、ハイライターを活用しながら読みます。ハイライターは目的ごとに色分けしています（理論名は黄色、理論に対する反論は青、など）。最後に、ハイライトをした部分をもとに、Googleドキュメントでノートを作成しています。

最近の ICT 機器やアプリって、使い方一つで、困りごとを少し楽にしてくれるよね。最近、周りでも使っている人が増えた気がするね。ほかの人の工夫を参考にして、自分なりのアレンジをしてもいいかもね。

読み

疲れにくい読み方

【診断名】●ADHD ●LD（書字障害・読字障害・計算障害） ●ASD

困ったこと

- 黙読はできるが、声に出して読むと、逐次読みや読み飛ばしなどがあり、内容を理解することがむずかしい。
- 光の反射で文字が欠けて見える（とくに、白い紙に黒い文字はかなりしんどい）。

工夫

❶ 電子メモやパソコンを持ち込んで授業を受ける

❷ 配布物をデータでもらう

❸ カラーペーパーを使う

❹ 読んでいる部分に白黒反転定規をあてる

成長に合わせて工夫をアップデート

振り返ってみると小学生のころから、授業での読み書きや感覚の過敏さから疲労がたまり、度々休んでいました。当初は文字の読み書きに障害があるとは気づいていませんでしたが、パソコンの使い方やタッチタイピングは家庭で練習していました。

小学校の高学年ごろに学校にポメラ（キングジムの電子メモ）を持ち込み、作文などの課題に使用していました。

高校から、配付資料等は読み上げソフト（和太鼓）で再生が可能な形式でデータをもらい、1.3 ～ 1.5 倍速の読み上げ速度で聞いて内容を理解していました。紙のままもらった場合も自分でスキャンしたり、入力してテキストデータにして利用したり、見やすい色の紙に印刷するなど工夫していました。そのときスキャナーは自宅から毎日持参していました。

大学でも、配慮申請をして授業や学校生活を送っています。聴覚過敏なので日中でも疲労軽減するために、ノイズキャンセリングイヤホンを使っていました。講義中につけるときは周囲の誤解がないように、机にヘルプマークを置きました。

小学校のときから、試行錯誤しているって、すごいよね。音声読み上げのスピードは人によってさまざまだね。自分が理解しやすいスピードをうまく見つけることが大事そう。

書き

無理をせず、自分に合った学習方法を見つける

【診断名】● ASD　● ADHD　● LD

困ったこと

- 漢字の読みよりも、書きの習得がむずかしい。
- 覚えても、しばらくすると忘れてしまう。
- 長時間板書を写すと、とても疲れてしまう。

工夫

❶ ものに頼る：ブルーライトカット眼鏡をかける

❷ ヒントを得る：検査結果などから自分に合っている学習方法を知る

❸ 自分を知る：どう工夫すると覚えやすいのかを知る

❹ 無理をしない：無理をしないように気をつける。気長にやればいいと言い聞かせる

うまくいく方法を探すと自分がわかる

漢字を覚えるために自分に合う方法があるのではと思い、いろいろな方法を試すようになりました。漢字はパーツごとに意味を持って覚えていくと、今までよりも長い時間覚えておけることがわかりました。例えば、練なら、「糸」と「東」に分け、練習します。

私にとってうまくいかない経験や試行錯誤は、「自分を深く知る」ことにつながりました。無理をしないと決めているからこそ、自分にぴったりのアイディアを探せるのだと感じています。

まぶしい席に席替えした後に頭痛、強い疲労感などを感じたことがヒントとなり、黒板への光の反射からの刺激を受けやすいとわかりました。

板書をするときにはブルーライトカット（UV カット）眼鏡をかけて刺激を軽減しています。

うまくいかなかったらへこんじゃいそうだけど、それも自分を知る方法なんだね！　すぐに自分に合った方法が見つからなくても、気長にやればいいと私も自分に言ってみよう。

書き

パソコンやコピー機を活用してノートをまとめる

【診断名】● ASD

困ったこと

- 聞くことと書くことを同時にできない。
- 頭の中でまとめるのが苦手。
- 書き写すのに時間がかかる。
- 書く速度が考えていることに追いつかない。

工夫

パソコンであらかじめ下書きをしておき、紙に清書する

❷ 絵や図などはコピーしてノートに貼る

❸ 友人からノートを借りる

手書きで清書して提出する

書く速度が考えていることに追いつかないため、高校生のときからさまざまな工夫をするようになりました。作文はパソコンで下書きをした後に、紙に清書していました。紙に書いて間違えると消しゴムで消さなければなりませんが、パソコンならあっという間に消せます。

また、文章構成もパズルのようにさまざまな組み合わせを考えて書くことができます。今は印刷して提出できる学校もありますが、私は提出用に手書きで紙に清書していました。手書きは苦痛でしたが、消しゴムで消す手間は省けるので気が楽になりました。

ノートを書くのもとても苦手でしたが、一度友達に「ノート見せて」と言われてから、「私も借りたらいいんだ」と思い、ノートをまとめるのが上手な人に借りるようになりました。

また、生物の授業では、ノートも授業の評価につながるため、絵や図を書かなければなりませんでしたが、教科書のコピーをして貼って提出しました。先生には「書くことが大事」だと注意されましたが、図を覚えることに意味があるなら、いろんなやり方があっていいのではと思っています。

字を間違えて消しゴムで消すときって、ちょっとイライラしてたりして紙を破いちゃうことがあるよね。その点、パソコンは消去だけじゃなくって、文章の移動も簡単でイライラしない。大切な図を覚えるために書かないってところがかっこいいね。

書き

板書をICTにまかせて聞くことに集中

【診断名】●ディスレクシア

困ったこと

- 手書きではえんぴつに力が入りすぎて芯が折れる、消しゴムで紙が破れる。
- 板書は1文字ずつ黒板を見て書き、どこまで書いたか忘れる。
- せっかく書いたノートが、後から読めない。
- 手書き文字は枠からはみ出す、枠がないと斜めにずれていく。

工夫

❶ 漢字は形と訓読み一つだけを集中して記憶する

❷ アルファベットは筆記体で書く

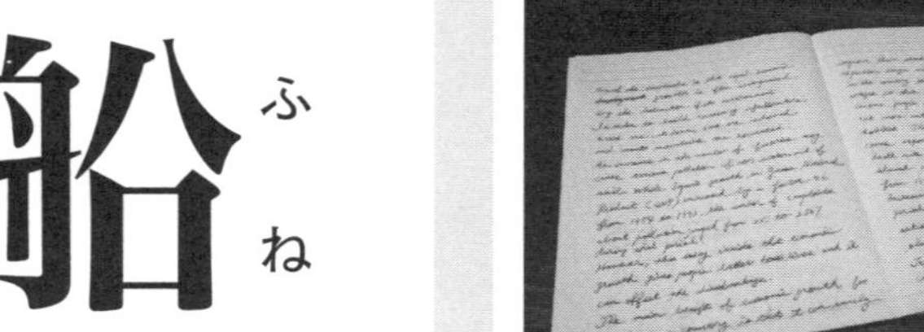

❸ パソコンを使う

❹ 黒板をiPadで撮影する

自分が習得しやすい方法

小学校では授業のノートをとることが困難でした。力加減が苦手で、えんぴつの芯が何度も折れる、ページが破れる……の繰り返しでした。漢字の読みも覚えられませんでした。将来はパソコンで書くことを考えて、漢字を読む力と変換ができる力が必要だと思っていました。

まずは集中して漢字の形とその意味を表す一つの訓読みだけを覚えることにして、漢字ドリルの宿題の代わりに漢字カードを使いました。

小学5年生になり板書内容が増えたことと iPad が使えるようになったことで、黒板の写真撮影を許可してもらいました。今までは文字を書くだけで精一杯でしたが､先生の話を聞くことに集中できるようになり、授業内容が記憶に残りやすくなりました。

イギリスに留学してからは、筆記体の指導を受けました。b と d などの紛らわしい文字の使い分けができるようになり、単語と単語の隙間も意識しやすくなりました。

黒板に書いてあることをノートに写したら授業がわかるという人ばかりじゃないよね。先生の話を聞くことに集中した方が授業がわかる人もいるよね。みんなはどんな方法だと一番授業がわかる？　見つけてみよう！

書き

パソコンでノートテイクは一石二鳥

【診断名】● ADHD　● LD（書字障害・読字障害・計算障害）　● ASD

困ったこと

- 黒板を写すことがむずかしい。
- 漢字の学習に苦労した。
- 連絡帳を書くことに非常に時間がかかる。
- 自分で書いた字が読めないときがある。

工夫

❶ パソコンでノートをとる

❷ タイピングを練習する

❸ 課題や配布物をデータでもらう

周りの人にも配慮した使い方

　授業や連絡帳の板書で１日４時間くらいノートを書くと、とても疲れてしまい家に帰ってから寝込んでしまうことがありました。翌日まで疲労を持ち越すため、登校と欠席を繰り返していました。また、そうやって必死で書いたノートは後で読み返したくても、文字が崩れていて自分でも読めないノートになってしまうことも多かったです。

　高校は、最初は板書をデジカメ等で撮影してノートを作成していましたが、１年生の中ごろから授業中にパソコンでのノートテイクが認められました。「OneNote」というソフトが私に合っていて、インデックス分けできる、どこでも書ける、追加しやすい、画像を挿入しやすい、数式も入力できるので使いやすいと感じています。また、データなので持ち歩いていつでも確認できるところも使いやすい理由の一つです。

　授業中にパソコンでノートテイクをするため、タイピング練習を小３から始め、高校では１分に 80 文字くらい入力できるぐらい上達しました。今思うと、それぐらいの入力スピードがないと、先生や友達の発言を聞きながらのノートテイクはむずかしかったかもしれません。

　高校時代、パソコンを利用するときの学校での約束事として、ネットにつながないことのほか、パソコンで作成したノートを友達にあげないというルールがありました。これは、友達からノートちょうだい、と言われたときにトラブルにならないためには、とてもよかったと思っています。また、ノートを忘れたときなど、パソコンで作成したノートを学校のプリンターで印刷して提出することもありました。

授業中にパソコンでノートをとる人が増えてるね。その中でも自分が使いやすいソフトを選ぶことってとっても大事だよね。入力スピードのことは、とっても参考になるね。

書き

書く量を減らして負担軽減

【診断名】● ADHD ● ASD

困ったこと

- 書くと疲れる。
- モチベーションがとても低い。

工夫

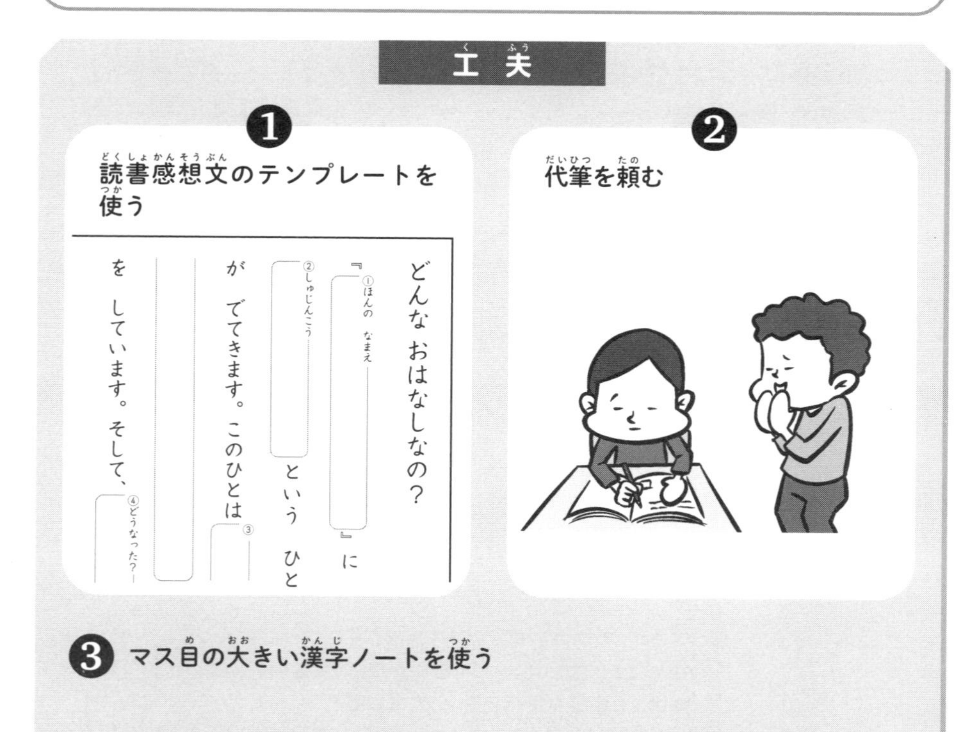

❶ 読書感想文のテンプレートを使う

❷ 代筆を頼む

❸ マス目の大きい漢字ノートを使う

先生の提案と工夫で乗り切る

小学生のころは、1日1ページある漢字の書き取りの負担が大きくいっさいやれませんでした。先生から「まったく書かなくても覚えにくいだろうから、文字数を減らしてみよう」と提案があり、マス目の大きい漢字ノートを使い、ほかの人より少ない文字数にしてもらい取り組むことができました。

読書感想文は先生が毎回クラスの全員にテンプレートを配っていました。その本を選んだ理由、登場人物、気になったところなどを埋めていけば文章になるようにつくられています。小学校のときは作文はまったく書けませんでしたが、中学校からはこのテンプレートを使えば埋めることができました。埋めるまでは自分でやり、その後に作文用紙に写すのは先生に代筆してもらっていました。当時パソコンが使えたなら自分で書きたかったです。

私はやりたくないこと、できないことは誰からなんと言われてもいっさいやらなかったので、先生たちから提案してもらって挑戦してみることがほとんどでした。

自分で考えて工夫することも大切だけど、大人の意見を聞いてみるって方法もありだよね。自分で書きたかった、という気持ちもいいなぁって思っちゃいました。

漢字の見え方がほかの人と違うため、自分に合った方法を考えた

【診断名】●書字障害

困ったこと

- 板書がむずかしい。
- 漢字の学習に苦労した。
- 黒板を写すことに時間がかかり、連絡帳も時間内に書けない。
- 自分で書いた字が読めないときもあった。

工夫

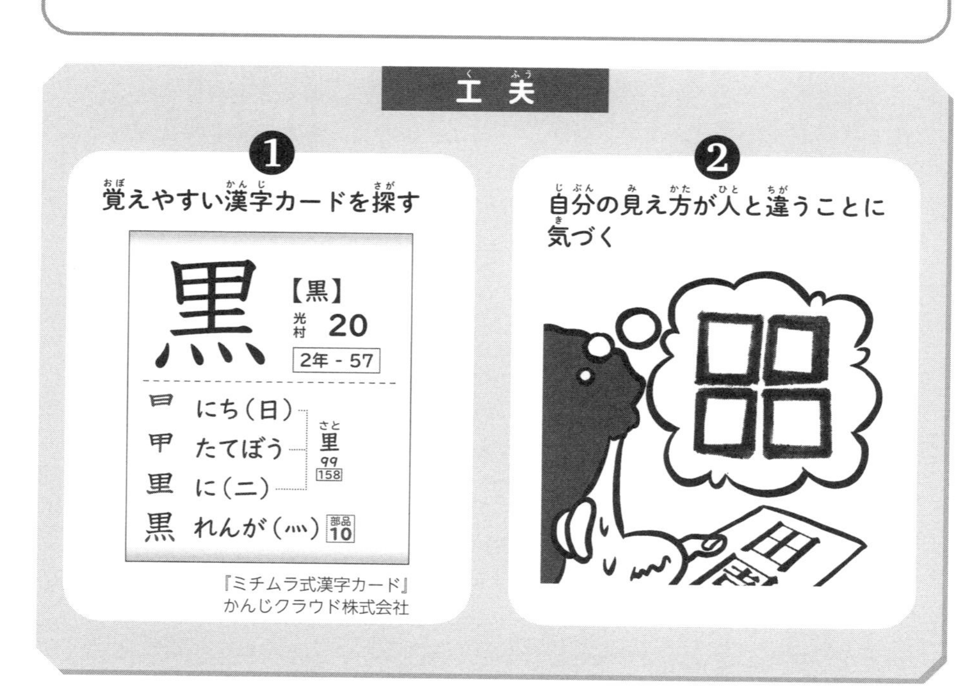

1 覚えやすい漢字カードを探す

『ミチムラ式漢字カード』かんじクラウド株式会社

2 自分の見え方が人と違うことに気づく

文字の形を唱えて覚える

小学校に入ってから、とにかく書き取りに時間がかかり、黒板に書いてある文字を書き写すのにも苦労しました。例えば連絡帳を途中までしか書けなかったり、漢字を覚えられない日が続き、頑張ってもなかなか変わりませんでした。小学１年生のときに、発達障害の特性を診てくれる病院を受診したところ、書字障害を持っていることがわかりました。

アセスメントを行なううちに、ほかの人と漢字の捉え方が違っていることに気づきました。例えば、「田」という漢字は、大きな四角に十が入っているのではなく、小さい四角が４つあるように見えています。

ほかの人とは違う見え方をしていることがわかり、療育で漢字の覚え方を工夫する中で、成田あゆみ先生（もじこ塾）から紹介されて『ミチムラ式漢字カード』に出会いました。これは元々目が見えない人が漢字を習得するためのツールで、見たままを書くのではなく文字の形を唱えて覚える方法で、私にも合っていました。このような工夫で書き取りが多い課題をこなし、６年生の卒業文集はよく書けたねと家族からほめられました。

漢字を繰り返し書くのが合わない人もいるよね。文字を唱えて覚える方法、とってもよさそう!
自分が好きなものと結びつけてオリジナルな唱え方を考えてみたり、歌にして覚えるのもありかも。

消しゴム

努力の前にモノの工夫

【診断名】●ASD　●ADHD　●LD

困ったこと

- 何度も消しゴムをかけると疲れてしまう。
- シャープペンの文字を消すのに苦労する。
- 消したいところだけ消えない。

工夫

❶ 軽くこすれば消える消しゴムを探す

❷ いくつもの消しゴムを試して、疲れないか検証する

❸ 類似商品を比べる

	消しやすい	疲れない
A	○	△
B	◎	○

❹ ①〜③をふまえて手ごろな価格の消しゴムを探す

自分に合うものを探すのがスタート

たかが文字を消すくらいでおおげさな、と思われるかもしれませんが、授業で書いて消しての動作を繰り返していると疲れてしまいます。

そんな私が消しゴムに求めるのは「弱い力で消える」ことです。

家族と一緒に、私にぴったりの消しゴムを探すため、何種類か購入して、試して消えやすさを記録し、その中で使いやすいものを見つけました。

「よく消える」と噂の人気商品よりも安い消しゴムでしたが、検証の結果「弱い力でよく消える」ことがわかりました。友達に貸したところ「ほんとにすぐ消えるね！」とビックリされ、噂が広まりクラスでブームになったりもしました。

毎日使う身近な文具でも、探してみると自分にぴったりなものがあることがわかり、自分が頑張るよりも合った道具を探す方法の方が気持ちがとても楽になりました。

今ある道具が上手に使えるように自分で頑張らなきゃって思いがちだけれど、道具が自分に合っていないから使いづらいんだよね。消しゴムのほかにもえんぴつや定規も同じだね。自分に合っているものを探してみよう。

やることを付箋に書いて机に貼る

【診断名】● ADHD ● ASD

困ったこと

- 口頭で言われたことをほとんど覚えていない。
- やるべきことや提出物を忘れてしまう。

工夫

覚えておくべきことは付箋に書いてもらって机に貼る

社会に出ても役立つメモ方法

この工夫は中学２年生のときに自分で編み出した方法です。ホームルームや授業中に口頭で言われたことが覚えられないので、重要なことは付箋に書いてほしい、と担任の先生や各教科の先生にお願いしました。書くことにも困難があったため、先生に書いてもらいました。それを机に貼っておき、いつでも見られるようにしました。

例えば、やるべきこと（TODO）や、いつまでに何を提出したらよいか、などをメモしてもらいました。机の上は付箋だらけになりましたが、パソコンやカメラは持ち込めなかったので、このやり方にしてから忘れることが減りました。

どうしても気分が乗らなかったり体調がわるかったりして、授業に出ていないときでも、副担任の先生に課題を書いてもらうようお願いしていました。今でも仕事でやるべきことを付箋に書いて貼っているので、この経験が役に立っています。

どんなに覚えようとしても覚えられないことってあるよね。携帯電話やタブレットのカレンダー、リマインダー機能も便利。忘れてはいけないことを写真や動画、音声で記録しておくやり方もおすすめ！

単語帳アプリと黒板の撮影で暗記

【診断名】● ADHD　● ASD

困ったこと

- 暗記しなければいけないことを覚えられない。
- 覚えるのにほかの人の5倍くらい時間がかかる。

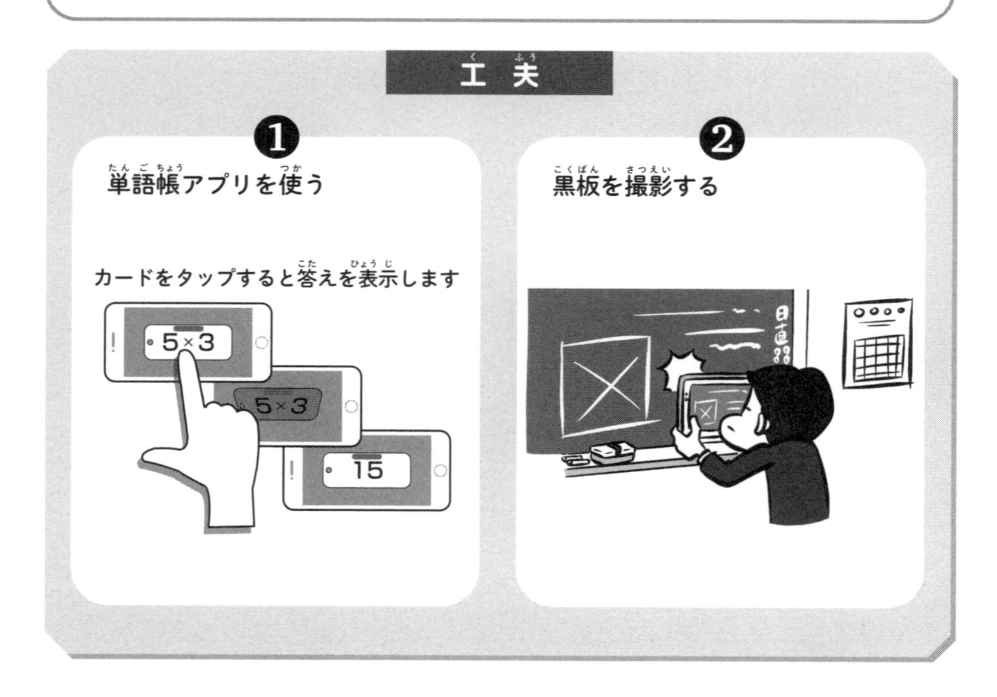

さりげなくフォローしてくれる先生の存在

小学校では九九を計算カードで覚える方法だったのですが、ほかの子は１カ月ぐらいで覚えられるところを私は半年ぐらいかかってしまいました。別の方法を探して、単語帳アプリを使ったところすぐに覚えられ、自分に合っていると感じました。

中学校のときは、私の特徴を理解してくれている先生が、こっそり毎回テスト前に数学の公式や歴史の年号などを空き教室の黒板に書いてくれました。それを私以外にも勉強で困っている人たちがスマートフォンで撮影し、見返して暗記していました。

生徒指導の担当で、社会の先生だったのですが、このさりげない配慮のおかげで、社会は実力を発揮することができました。その先生は発達検査を受けるときも同席してくれたり、発達障害に関する書籍や講演も紹介してくれました。この先生に勧められて診断を受けました。

一人でも信頼できて理解をしてくれる先生がいるだけで、勉強へのモチベーションやストレスはかなり変わります。

音声はすぐに消えてしまうので、文字にして残すか、録音して何度でも聞けるようにするか、だよね。自分でしていたアプリでの工夫と、先生のさりげない配慮のコラボ、いいなぁ。こんな先生、みんなのそばにもきっといるよ。

暗記

頭の中にあるものを書き出してミスを防ぐ

【診断名】● ASD　● ADHD　● LD

困ったこと

- ワーキングメモリーが低く、覚えること全般に苦戦する。
- 一日の予定、頼まれたことなど生活のことが記憶できない。
- 友人の名前が覚えられない。
- 覚える・暗記する時間が長いと疲れてしまう。

工夫

❶ デジタルツールを頼って活用する

❷ メモ帳、ミニ掲示板の活用、手に書く

❸ 筆算と途中式を書かなくてもよい問題でも、必ず書く

$(5+13) \div 2$
$=18 \div 2$
$=9$

❹ 自分を知る：どうしたら覚えやすいか、その場面に応じて、自分の傾向を知る

❺ 無理をしない：無理をしない方法を考える

記憶しなくても間違えないやり方

　私にとって、覚える・暗記することが一番の課題です。小学校が始まるとすぐにほとんどの教科に暗記がつきもので、ぐったりしてしまうくらい疲労を感じていました。

　授業や宿題で、繰り上げ繰り下げのある計算の部分に電卓を使用していました。電卓を使いながら、どうすれば記憶しなくても間違えないかを考え、頭の中に置いておくものを書き出しておくことで、間違いなく答えを出せるようになりました。中学校ではとくに、途中式を細かに書くことで、ケアレスミスを防ぐようにしました。

　勉強だけでなく家でも、「覚える・覚えておく」場面がたくさんあります。私が実際困ったのは予定や頼まれていたことを忘れてしまうことです。

　その都度、自分の特徴を考えると同時に、便利なツールを探し、活用するようにしています。高校生になった今、デジタルツールにかなり助けられています。

【現在バイトで工夫していること】

- 超小型メモを自作してポケットへ in
- 確実にメモをとった後に、電子端末へ転記している

【使っているデジタルデバイス】

- カレンダーアプリ
- タスク管理などのアプリを活用
- 常に身につけているアップルウォッチでアラーム管理

パソコンに外付けハードディスクがあるんだから、自分の頭用の外付けハードディスクがあってもいいよね。どんなのが合うか試しながら探すとよさそう。

算数
数学

自分だけのメモリーカード辞書

【診断名】● ADHD

困ったこと

- 学校で教えてもらった方法とは別の解き方を家で教わると混乱する。
- 勉強になると、集中力が下がってしまう。
- 文字だけの文章問題はイメージがつきにくい。

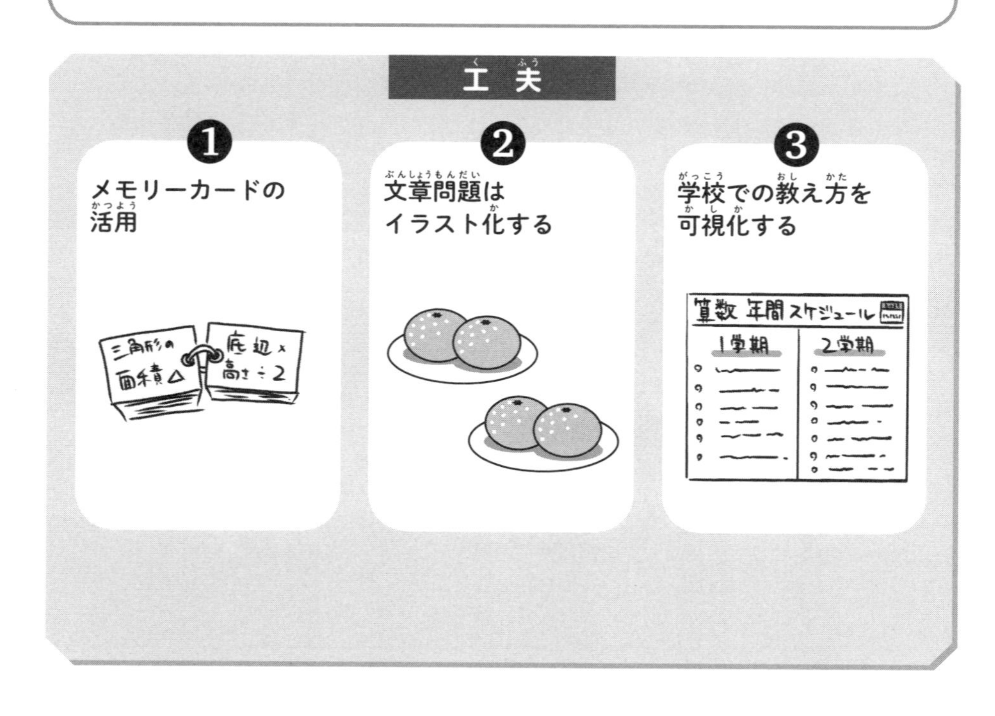

学校のやり方にそろえる

家と学校で学習方法を変えている人も多いと思いますが、私は別の解き方をすると混乱してしまいます。

学校と同じ方法で家でも学ぶために、小学校４年生の担任の先生と個別面談をしたときに、算数の年間スケジュールや、単元の教示方法などを聞きました。親が学校と同じ教え方にしてくれたことで、私もポイントを理解して取り組めるようになりました。

また、算数の公式などはメモリーカードを作成しゲーム感覚で身につけていきました。今はメモリーカードが、わからなかったときの辞書的な存在になっています。

文章問題は、書いてあることがイメージできず思考停止していることがありました。そのため、家で勉強するときは親とイラスト化してイメージできるようにしました。

学校と同じ方法で、自宅でも学べるといいですね。
小さいときはおうちの人の協力が必要なこともあると思うけど、大きくなったら、先生に自分から解き方を聞くこともあり、だね。

算数
数学

不器用な私が選んだ定規とコンパス

【診断名】● ADHD　● ASD

困ったこと

- 指先だけに力を入れることがむずかしく、定規やコンパスを使いこなせない。
- 定規で線を引こうとすると、定規がずれてしまいうまく書けない。
- コンパスがうまく回せない。

工夫

道具を工夫して勉強する

定規を使って直線を書くときに定規の端を押さえてしまい、定規がずれてしまうことが度々ありました。そこで、押さえるところにくぼみのついている定規を使って、指を置く場所を覚えました。

学年が上がってからは、裏側にすべり止め加工のあるものや目盛りの読みやすいものを選びました。目盛りを読むことも最初は根気がいり大変でしたが、目盛りが読みやすいものを選ぶことと、昔からの療育で最後までやり切る力が付いていたことで、どうにか頑張りました。

３年生でコンパスを使うときも、家で通常のコンパスで練習しましたが、うまくいきませんでした。そこで、つまみの部分にキャップがあり握っても円がかけるコンパスを使いました。こちらも成長と共に、コンパスを倒すなど使いやすい動作のコツをつかみ、ほかのコンパスでも円が書けるようになっていきました。

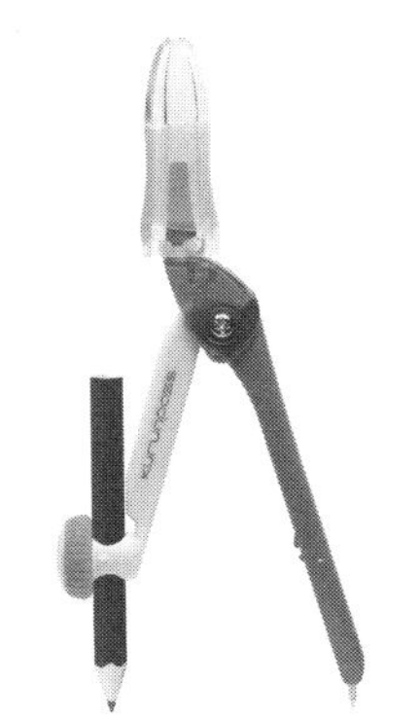

①株式会社ソニック　くるんパス
http://www.sonic-s.co.jp/product/sk-767

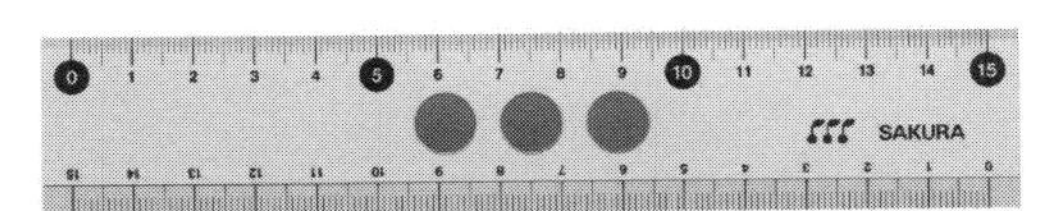

②株式会社サクラクレパス　小学生文具　直線定規 15cm
https://www.craypas.co.jp/products/painting-school/015/0043/287122.html

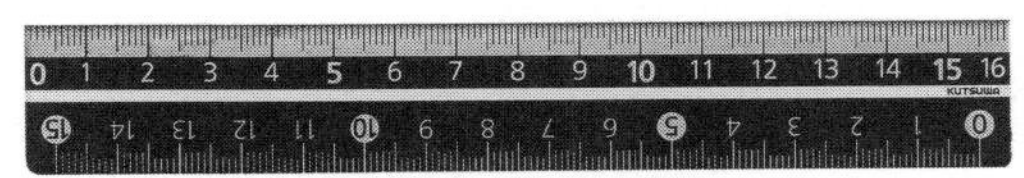

③クツワ株式会社　カラー定規 16㎝
https://www.kutsuwa-online.com/?pid=152318392

自分にとって使いやすい道具、探してみてね！ もし世の中にある道具が全部使いづらかったら、どういう道具があったら使いやすいかを考えてみて、自分でつくったり、企業に提案するのもありかも⁉

算数
数学

手づくりツールで計算

【診断名】● ASD

困ったこと

- 10の合成・分解ができない。
- 頭の中で操作するのが苦手。計算が苦手。
- 割り算の筆算、商を立てるときの予測がむずかしい。
- 大きな数になると概数のあたりをつけるのがむずかしい。

工夫

❶ 数字・カギとなる文字を丸で囲む

問題①

コノハちゃんは12まいのシールをもっています。でも1週間前には、シールは今の3ばいありました。

1週間前、シールは何まいありましたか？

式

答え

❷ 計算機を使っていい問題のときは必ず使う

❸ 自分に合っている覚え方で覚える

❹ 見直しの式に当てはめる

自分が覚えやすい計算手順

九九や計算の手順などは、自分に合っている方法で覚えました。九九は歌で覚え、割り算の筆算で使う「立ててかけて引いておろす」手順は、手順そのものを答案やプリントに書きました。

数のあたりをつけるのが苦手で、大きな数や単位換算もとてもむずかしく感じていたり、文章問題は、意味を読み取ることがむずかしかったのですが、学校で「出てきた数字に丸をつける」という工夫を学びました。

大人になってから学校現場で働くようになり、大きな数の位取りや文章問題のときは下のようなツールや手順書を使えばよいことがわかりました。

小学校５～６年のときに分数が計算できる電卓をゆずってもらったので、電卓を使っていいときは使いました。電卓を使っていい単元では、満点がとれたのを覚えています。電卓が使えないときは、見直しの式に当てはめて、検算するようにしていました。

千	百	十	一	千	百	十	一	千	百	十	一	千	百	十	一
			兆				億				万				

単位のツール

1、　問題文を３回声を出して読む
2、　数字に○（単位も）　問に線を引く
3、　２をノートに簡単に書く
4、　問題文を自分の言葉にする
5、　線分図（１本２本）・表・図を書く
6、　５に３を書く
7、　式を考える　なぜ×÷＋－
8、　答えを出す（何が出たのか）　計算を残す
9、　答えを線分図に書き込む　合っている？

計算の手順書

九九の暗唱って、音だけで覚えないといけないので、なかなか大変だよね。九九を歌にすると、リズムやテンポがあるので覚えやすくなるのかな。九九の歌って、けっこういっぱいあるんだよね。漢字の覚え方の歌もあるよ。

発表　台本をつくって練習

【診断名】● ADHD

困ったこと

- 自身の気持ちや感じたことを言葉で発信しにくい。
- 頭の中で浮かんでいることを、言葉にして発信しづらい。
- あらかじめ話す内容が決まっていないと不安。
- 文章の構成は手助けが必要。

工夫

❶ 台本をつくる

●前を向く

これから、4年生が
一か月間に図書室で借りた
本について発表します。

●間をとる

まず、このグラフを
見てください。

●グラフの表題をさす

私たちのはんは1組から3組
が5月の一か月間で
何さつ本を読んだかを調べま
した。

❷ 5W1H を意識する

家族とリハーサル

人前で話すことはとても好きでしたが、要点がまとめきれず、伝えたいことがうまく表現できなくてあきらめてしまうときもありました。

国語の発表や感想をまとめる宿題などは、家で家族と一緒に言いたいことリストと台本をつくってリハーサルをすることで、当日は自信を持って発表できるようになりました。

担任の先生にも文章を事前に見てもらって、何が言いたいのかが伝わるかアドバイスをもらい、クラス全体にも伝わる雰囲気づくりもできました。

中学生になってからは、５Ｗ１Ｈへの意識や、自分の思いをまずは箇条書きにしたうえで、文章構成ができるようになりました。

人前で話すのってむずかしいよね。事前に伝えたいことをリストにしておく工夫は、人前で話すことが苦手な人や、文章を書くことが苦手な人にも使える工夫だよ。言葉で伝えることが苦手な人は、まずは絵を描いて、それをもとに説明する方法もありかも！

発表

緊張を和らげるおまじない

【診断名】● ASD　●複雑性 PTSD

困ったこと

- いじめられた経験から、みんなの前に立つことが怖くなってしまう。
- 緊張すると言葉が出てきづらくなる。
- 自由発表で、どんなテーマを選んだらよいかわからない。

工夫

❶ おまじないをする

❷ ネットで調べる

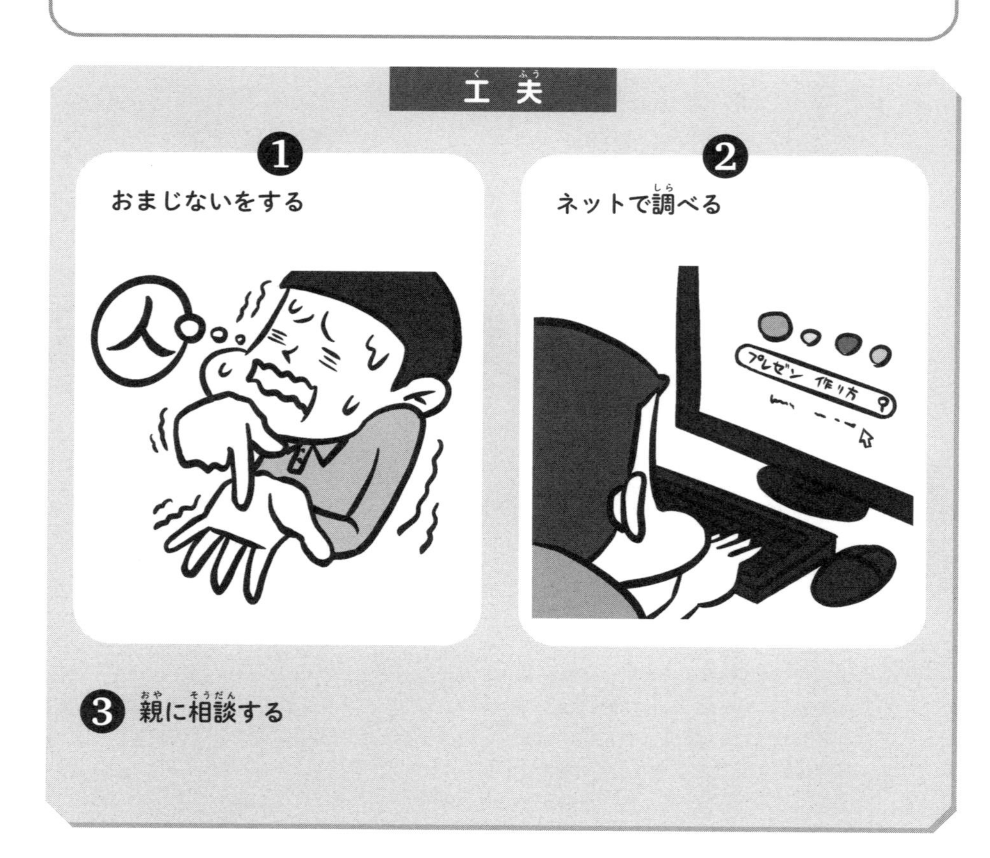

❸ 親に相談する

家で発表のコツを教えてもらう

私の中には「みんなにいいところを見せたい」という目立ちたがりな意識と、笑われたらどうしよう、失敗したらどうしようという苦手意識の両方がありました。

小学校から高校のころは親にテーマ選びや発表のコツを教えてもらい、練習に付き合ってもらいました。緊張を和らげるためにおまじないをしたこともあります。

大学生になったころに家でパソコンとインターネットが使えるようになったので、プレゼンテーションの作成方法について検索して調べたりしました。

このような工夫で、発表はおおよそ上手に乗り切れていたように思います。

「いいところを見せたい」、「失敗したらどうしよう」という両方の気持ちがあるってことは大切なことだよね。だから、ちょっとでもうまく発表したいって気持ちもうまれてくるんだろうなぁ。自分に合ったおまじないって探してみても楽しいかも。

体育

自分ができる役割で参加する

【診断名】● ADHD ● ASD

困ったこと

- 体力測定で「走り方が変」と笑われ、体育に苦手意識がうまれた。
- 大縄跳び、ダンスのときに周囲と同じリズムをとれない。
- 体で感覚を覚えることがむずかしく、二重跳び・逆上がり・跳び箱は練習しても上達しない。

工夫

❶ 不得意を早めに周囲に理解してもらう

❷ グループの活動発表は、自分ができるレベルのものにする

❸ 自分のレベルに合わせて取り組む

苦手なことを伝えて参加の仕方を変える

体育の種目は全般的に、何度練習してもうまくいかないことが多く、できないことは早めに周囲に理解してもらうように伝えていました。例えば跳び箱は４段以上の段が跳べません。２段、３段、４段……と横に並べられた跳び箱は、先に４段の列に挑戦して跳び越えられないことを確認し、跳べる低い段の列にすぐ並びなおしていました。

全員参加の大縄跳びやダンスは、自分のできること、できる範囲で参加をするように心がけました。大縄跳びは、縄を回す係に立候補しました。跳ぶよりも回す方がゆっくりで大きな動きなので、合わせることができました。クラスで発表するダンスは、簡単な振り付けの担当にしてもらいました。

高校の体育祭や文化祭では、看板を描くかわりに特定の種目には参加しない、という役割分担で場に参加しました。自主性を重視する校風の高校で、全員参加のイベントでも各自の得意や主体性を尊重してくれていたおかげで、苦手な種目のある全体行事でも、比較的のびのびと過ごすことができました。

自分の得意なこと、苦手なことを知っているって、かっこいいことだよね。おまけに、得意なことを活かして苦手をカバーするなんて「かっこいい×2」。

体育

苦手な音を和らげて体育に参加

【診断名】● ADHD　● ASD

困ったこと

- 聴覚過敏がある。
- 体育館独特の音が反響する場所が苦手。
- 運動の不得意（ダンスなど音に合わせた動きはとくに苦手）。

工夫

休憩の回数を増やしてもらう

❷

ノイズキャンセリングヘッドフォンを使う

ノイズキャンセリングヘッドフォンを使う

体育館で行なわれる体育の授業は、ボールがバウンドする音や、バスケットシューズのキュッキュッという床をする音、生徒の声など、さまざまな音が混ざり合い、反響することから、とても苦痛でした。体育の授業の後は、ほかの生徒以上に、どっと疲れてしまっていました。

自分の聞こえ方の特性がわかってからは、学校に聴覚過敏の特性を説明して、ノイズキャンセリングヘッドフォンの着用許可をもらい、体育館で感じる音の苦痛を緩和することができました。

また、音に合わせたダンスなどの競技や、瞬発的な動きや複雑な動きが求められる競技は苦手なため、不得意なことは割り切りつつ、先生と相談しながら、持続して参加できるよう、休憩をこまめにはさむことを許可してもらいました。

ほかの人よりも音が聞こえすぎてしまう人にとって、体育館はとてもつらい場所だよね……。無理してほかの人と同じ方法で参加するのではなく、どんな工夫があったら自分なりに参加しやすいか？を考えることがポイントだね！

音楽

さりげないSOSサインで別室利用

【診断名】●ASD　●DCD

困ったこと

- 大きな音が苦手で音楽の授業に参加しにくい。
- 音が混じることがしんどい。
- 音楽室への教室移動が苦手。
- 担任から専科の先生に変わることが不安。

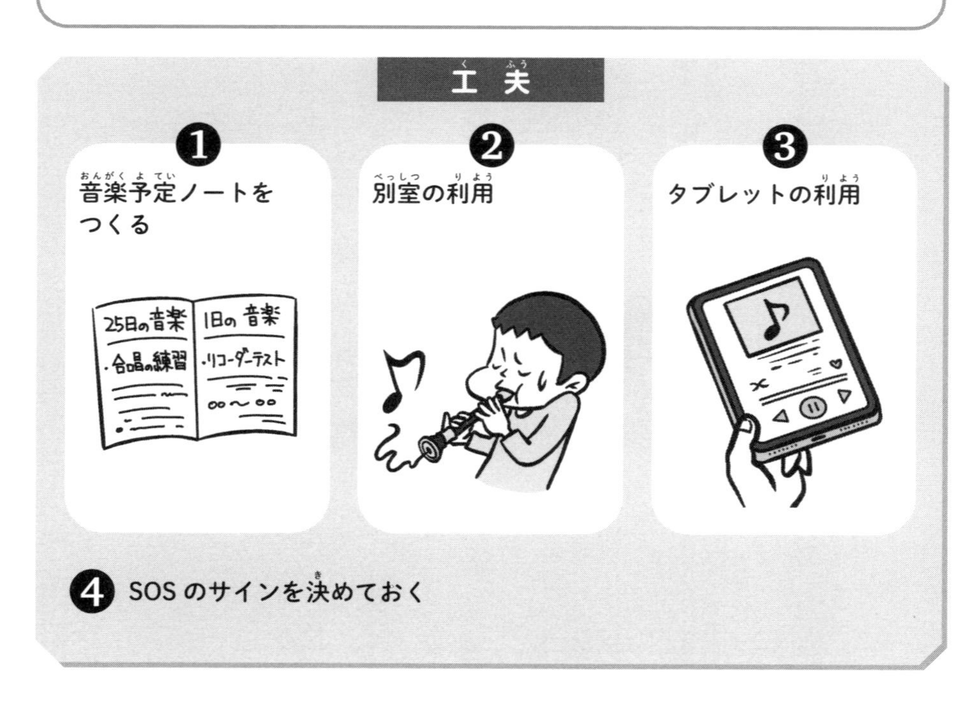

好きな音楽に参加するために

教室（場所）と先生（人）が変わることによる不安が大きく、音楽の授業は避けたいと思っていました。音楽予定ノートを作成して、前もって先生に授業内容を書いてもらい授業の見通しを持つことで、不安な気持ちが少し楽になりました。

また、授業中に楽器の音や音量などでしんどくなったときは、えんぴつに赤いキャップをつけることで先生だけにわかるSOSのサインを出すことを話し合いました。

聴覚過敏があり、たくさんの音が不協和音となって混じるとうるさく感じ、集中できません。そこで、合奏する単元ではタブレットに音源を入れてもらい別室で個人練習をして、合奏の時間にできる範囲で合流するようにしました。

これらの理由から音楽の授業は苦手なところもありますが、音楽そのものは好きです。先生と相談しながら可能な範囲でしんどさや不安を減らすよう工夫して、授業に参加できるように取り組みました。

大きい音、いろんな音が混じり合うことが苦手だけど、音楽が好きって、よくあるよね。運動でも、うまくできなくても体を動かすのが好きとかね。この気持ち、周りの大人にわかってほしいなぁ。

音楽

リトミックや身近なもので楽しく音に触れる

【診断名】● ASD

困ったこと

- ほかの人が気にならないぐらいの音でも怖がって泣く。
- 飛行機、チャイム、男の人の声などが苦手。
- 音がすると眠れない。
- 楽譜を読むことがむずかしい。

工夫

❶ 身近なもので音を奏でて楽しむ

❷ 毛糸やもので楽譜をつくって一緒に作曲をする

❸ リトミックで楽しく音に触れる

音を怖がらないきっかけ探し

赤ちゃんのころから、家の上を飛行機が飛ぶだけで火がついたように泣いていました。音の正体がわかればそこまで怖がることはなくなるのではと思い、飛行機の姿を確認して「この音は飛行機だね」と話しかけました。

さまざまな音に触れていくうちに怖い気持ちを軽減できるのではと思い、リトミック教室を探しました。

技術を磨くためのリトミックではなく、楽しく音楽遊びができる教室を中心に探しました。本人が気に入った教室は菜箸やフライパンなど身近なものを使って自由に音楽がつくれる教室でした。

最初は教室にも入らず見ているだけでしたが、だんだん自分も真似して音を出すようになりました。大きな音に対して怖がることがなくなりました。今は学校の音楽の授業も楽しく参加しています。

そのほかにも、母が音大出身でピアノ専攻ということもあり、ピアノを教えてみようと思いましたが、五線譜が浮き出てみえたり、黒鍵と白鍵のまとまりがわかりづらかったりしたようです。

初めから楽譜を読もうとするのではなく、家で違う色の毛糸やスタンプで一緒に楽譜をつくり、楽しく演奏する、ということもやっています。

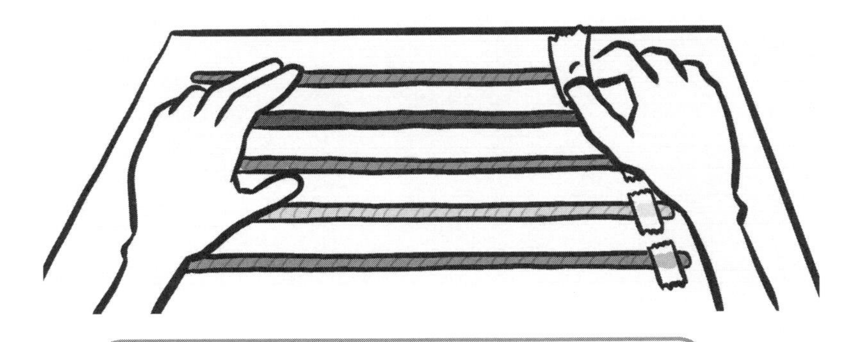

音が苦手な理由は音そのものよりも、どこから何が鳴っているかわからなくて不安、という理由もあるよね。苦手なものは避ける、という方法もありますが、楽しく触れてみる、という方法もとても素敵！

学校で試せないことは家で試してみる

【診断名】なし

困ったこと

- 不安が強い。
- なんでも疑問に思うので大人の説明に納得がいかない。
- 納得できないと活動に参加しない。

工夫

❶ 学校で消化できなかった疑問はほかの人と検証する

❷ 自分に合っている学び方を家でやってみる

❸ 具体的に実技を教わる

自分に合った学び方を探す

学校には独自のルールがたくさんあります。自分が学びたいように学べないことがたくさんあったため、できないことは家で試していました。

例えば、家庭科の授業で「にんじんはお湯からではなく、水からゆでます」と習いますが、なぜお湯からだとダメなのか？　と納得がいきませんでした。家でお湯と水からゆでる方法を試して比べてみたら、水からの方がちょっと美味しいと知り、納得していました。

図工の時間は似顔絵を描くときに顔の大きさに決まりがあり、やっとの思いで描いた絵が「この大きさじゃダメ」と言われてしまったこともありました。苦手な絵については、隣の席の子に下書きを頼んでいたりもしました。図工や体育などの授業は、「描きなさい」「跳びなさい」「自分の思うようにやりなさい」と言われても具体的に実技を教えてもらわないとわからない、というところも合わなかった点です。

運動会もなぜやるのか？　が納得できず、学校で先生に質問をしすぎると怒られてしまうため、家で歴史を調べていました。

とくに小学校の決まりや授業の受け方は納得できない点もたくさんありましたが、勉強そのものは好きで、将来のためにも通い続けました。ほかの子がスルーしてしまうことでも疑問を持っていたので、家族は独自の視点を「そんなことに気づくなんてすごいね」と肯定し、家では自分らしい学び方をしていました。

納得できないこと、疑問に思ったことを、自分で試してみる、調べてみるって、とても大切なことだよね。みんなとは違った視点があるってことだもんね。そこから何か新しい発見があるかも。

家で裁縫の練習

【診断名】● ADHD ● ASD

困ったこと

- 指先が不器用で、玉結び、玉留めができない。
- 練習布での練習が時間内に終わらない。

工夫

❶ 家で基本動作を練習する

❷ 見通しを持つ

❸ ミシンの使い方を教わる

事前に練習しておく

手先が不器用だとわかっていたため、家庭科で裁縫道具が上手に扱えるか、時間内に作業を終えられるかが心配でした。そこで、家にある裁縫道具を使って事前に、玉結びや玉留め、基本的な縫い方の練習をしました。とくに、玉結びは指で玉結びをつくるときの糸をねじる感覚を何度も練習しました。並縫いは、点線の上を縫ったり、お手本で縫ったものの下に同じように縫ったりする練習をしました。縫い目をそろえたり、まっすぐ縫う動作は簡単には上達しませんでしたが、学校で困ることなく参加できました。

事前に練習しておくことで、やることの見通しが立ち、安心して取り組めました。その後、ミシンを使い始めるときも、上糸のかけ方があること、ボビンを入れる方法、まっすぐ縫うやり方を事前に練習しました。

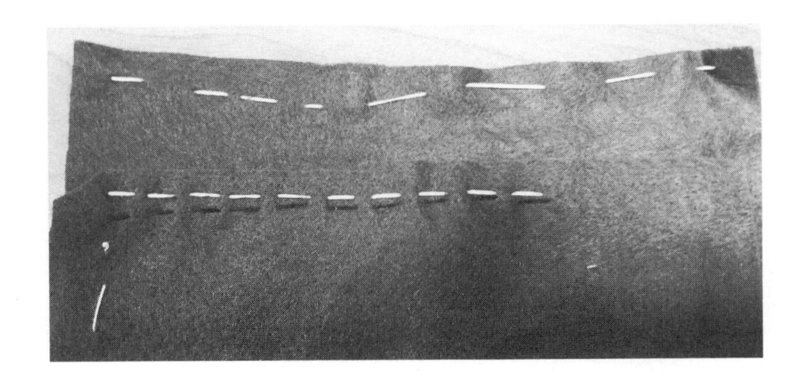

事前に練習をしておくと、見通しが立って安心するよね。とくに、裁縫のような細かい作業は、学校で一度学ぶだけでは本当にむずかしい！　事前に練習をしておくことで、自分はどこまでできてどこまでができないのか、知ることにもつながってよさそう。

テスト

消さなくてもいい落書き

【診断名】● ADHD　● ASD

困ったこと

- 小学校のテストも授業も時間を持て余しがちだった。
- ノートを装飾したり、窓から校庭をながめたり、退屈しのぎを模索していた。
- テストの待ち時間には落書きを描いたり消したりしていた。

工夫

❶ ノートをとるのにわざと時間をかける

❷ テスト待ちに好きなことを描く：テスト用紙裏面めいっぱいに、落書き

❸ 教科書の落書き：偉人や著者写真に帽子をかぶせたりひげを書き足したり

❹ 雲をながめて連想ゲームをする

落書きを認めてもらうことで苦手な時間が楽しみに

小学生のころ、授業は、あまり熱心に聞いていませんでした。国語の授業は先にページをめくり続きをどんどん読んでしまうし、算数の授業も数ページ先の問題を一人で解き、社会の教科書の写真は落書きだらけでした。

ノートをとるのは好きだったので、板書を写すときに文字を囲ったり黒板にないイラストをいれたりと、工夫をこらしていました。そんな私のようすをよく知っていた担任は、静かにしていれば大目に見てくれる、おおらかな先生でした。

テストの待ち時間は、ほかのものが机にない分、苦痛でした。早く問題を解いてしまうと、20 分は余ります。足をブラブラさせながら、窓から見える校庭や雲をながめたり、裏返したテスト用紙のすみに落書きを描いては消してを繰り返していました。

あるときその落書きに気づいた先生が一言、「消さなくてもいいよ」とこっそり言いました。それ以降、テストの余り時間は、のびのびと落書きができる、私にとって楽しいお楽しみタイムになりました。

みんなよりも早くに課題が終わったときの過ごし方って、みんなの邪魔をしちゃいけないからむずかしいよね。そういえば、大学のテストでも「早く終わったら裏に何を書いても OK。点数がプラスされるかも?」って先生がいたなぁ。

テスト

「できないときもある」ことを知る

【診断名】● ASD

困ったこと

- テストで100点がとれなかったときに落ち込む。
- 提出物を「間違っているかもしれないから」と思うと提出せずに帰宅する。
- 工作など思い通りにできないと落ち込む。

工夫

❶ 塾の模擬試験を受けてみる

❷ 大人にもできないところがあることを知る

完璧主義からだんだん抜け出す

私は完璧主義で、学校や公文のテストは必ず「100 点をとれなきゃいけない」と思い込んでいました。そのため 100 点がとれなかったときはとても落ち込みます。

そんなときにあえてやってみたのが、塾の模擬テストです。両親から見てもものすごくむずかしいテストをやると、「大人でもむずかしいと思うんだ」と感じて自信がつきました。

塾の模擬テストはほかの人の結果も見えないので、比較されない点も精神的によかったです。それからは、学校のテストも「できないときもある」「わからないところは抜かしてもいいんだ」と思えるようになりました。

工作についても本に載っている作品をお手本につくっても、「こんなはずじゃなかった」と泣いて悔しがっていました。以前は文字をなぞるときも少しでもはみ出したら泣いていましたが、最近は、「できないこともあるよね」と自分に言い聞かせるようにしています。

すべてを完璧にやりたい、という気持ちはとても大切！　でもその気持ちばかり持ちすぎてしまうと、できないときに自分を責めすぎたり、落ち込みすぎたりしてしまうこともあるよね。できないときもあるし、できない=自分はダメなやつ、じゃないからね！

読み上げ機能を使ってテストを受ける

【診断名】● ADHD　● LD（書字障害・読字障害・計算障害）　● ASD

困ったこと

- 文字の読み書きのスピードが極端に遅い。
- 光の反射がまぶしくて白い紙に印刷された黒い文字が見えない。
- 問題文のどこを読んでいたかわからなくなる。

工夫

❶ カラーペーパーに試験問題を印刷してもらう

❷ 別室受験する

❸ 読み上げ機能を使って受ける

試行錯誤の合理的配慮

　最初のころに、拡大コピーをしたものを用意してもらいましたが、全体を把握することがむずかしく読みにくかったので、すぐに中止してもらいました。
　高校の定期考査等のときは、カラーペーパーに試験問題を印刷してもらいました。またリーディングトラッカーとして白黒反転定規の使用を合理的配慮として申請して認めてもらっていました。
　パソコンを使っていい教科のときは、別室受験をしていました。試験は同じ教科の担当の先生が監督してくれました。
　そのパソコンで、音声読み上げソフトを使用して試験問題を読んでいました。そのときはノイズキャンセリングイヤホンを使用しました。
　大学では、テスト中は大学もしくは自分のパソコンを持ち込むことができました。試験時間中にパソコンでどのような操作をしたかわかるように、ログと一緒にテストを提出しました。

読み書きが苦手な場合、定期テストをパソコンで受けることができると、便利なことが多いよね。提出の仕方のルールなど、学校と話し合って決めることが大切かもね。

宿題

マイ・宿題ルール

【診断名】● ADHD　● ASD

困ったこと

- 宿題の仕上がりにこだわりすぎてしまう。
- 時間内に終わらないことで過剰にストレスを感じる。

工夫

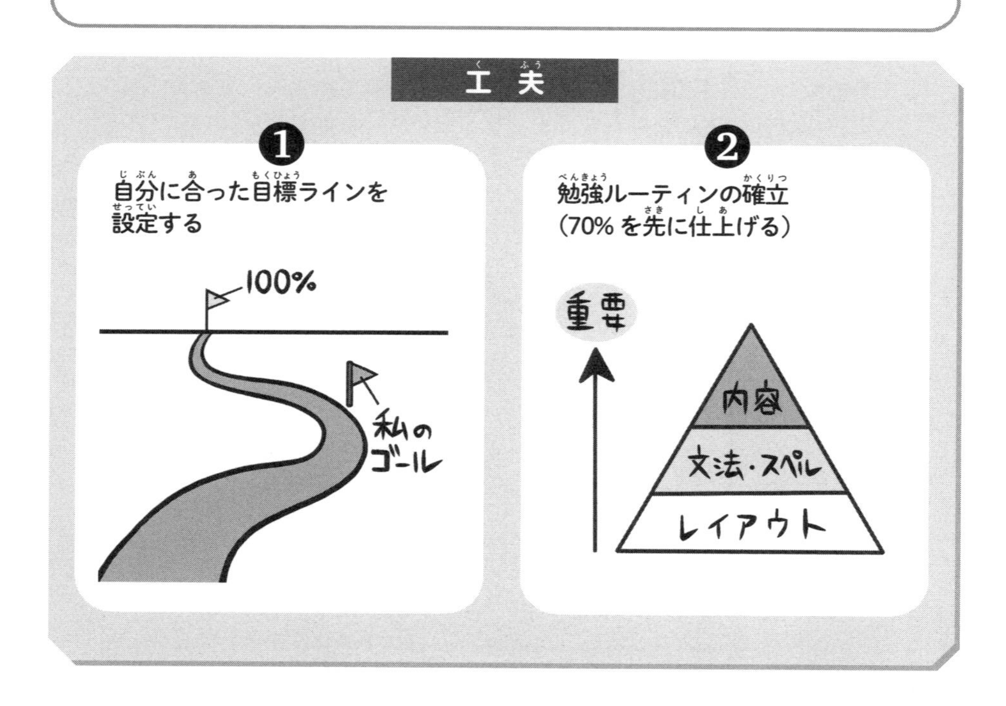

100%にこだわらない

宿題や課題に取り組むときに、「こだわりが強い」など自分の特性がまだわかっていなかったので、自分を追い込んでしまいストレスになっていました。そこで、自分に合った目標設定と勉強ルーティンにそって宿題に取り組むことにしました。

まず、いつまでにどこまで仕上げるのかを設定します。とくに、得意なことに集中しすぎてしてしまう傾向があるので、得意なことは100%を目指さない、不得意なことも100%できなくても自分を責めない、というルールを決めました。

まず、全体の仕上がりの70%くらいを目指して取り組み、余力があったら残りの30%、内容をよりよくするために引き続き取り組みます。また、思うように進んでいない場合は、早めに「どこまでできていて、どこでつまずいているか、どこまでならいつできるか」を先生に伝えるようにしました。

自分で進捗を把握したうえで、自分の能力と体調に合った代案を提案することで、宿題や課題の内容、締切の内容を先生と調整します。先生にとっても、自分にとっても、早めに相談することが精神的肉体的負担を軽減するのに役立ちました。

宿題ってけっこう悩みのタネだったりするよね。早めの相談、100%にこだわらないっていう目標設定や勉強ルーティンは、宿題以外のときでも大切なことだよね。

宿題

パソコンを使って課題作成

【診断名】●書字障害

困ったこと

- ふだんの宿題は書く量が多くて、ほかの人の倍以上時間がかかる。
- 手書きの課題が多く疲れてしまう。

工夫

❶ 合理的配慮を申請する

❷ 課題によってはパソコンを使う

❸ 困ったことを自分で周りに伝えられるようにする

パソコンを使って作成し提出

中学校の通級指導教室に通い、１時間は自分自身の特性に合わせて、時間内に多くの文字を書く練習をしています。書ける量は増えてきたものの、ほかの人の数倍の時間がかかることには変わりなく、疲れてしまいます。宿題の量を調整してもらうように合理的配慮を申請しました。

また、夏休みに出た美術の新聞づくりの課題と、体育のパラリンピックについて調べる課題で、パソコンを使うことを申請したところ、使ってかまわないとのことだったのでパワーポイントで作成することができました。中学生になると教科によって教師の考え方が異なり、統一されていませんでした。

保護者や教師など周りから見たら支援が必要だと思うかもしれませんが、本人にとって本当に必要かがわからないと、自分でヘルプを出せないままになるかもしれないと感じました。今後、困ったことがあれば自分から支援が必要なことを周りに伝える機会をつくりたいと考えています。

困っていることを周りに気づいてもらえないときに、自分から「困っているので助けてください」って伝えるのは、とっても勇気がいることだけど、大切なことかもしれないよね。

スケジュール見通し

1週間の予定表

【診断名】● ASD　● DCD

困ったこと

- 不安が大きく学校に行きづらい。
- 見通しが持てないことがしんどい。
- とくに苦手な教科がある。

工夫

❶ 1週間の予定表をもらう

❷ 登校スケジュールを週ごとに立てる

❸ 自分のペースを守る

❹ 苦手教科は事前に先生に相談する

予定を見て自分のペースで登校する

見通しを持てるように、時間割に単元も載っている１週間の予定表をもらっています。教科担任制が導入されているので、担任の先生以外の授業は色を変えてわかりやすくなっています。

毎日最後まで学校にいることは精神的・体力的に負担が大きいので、１週間の予定表を確認して、「この曜日は最後まで頑張ろう」「この日はしんどい授業が続くので給食までにしよう」など登校スケジュールを立てています。

このようにすることで、「学校に行きたい気持ちはあるけれど、不安で行けない」という葛藤が和らぎ、見通しを持って自分のペースで登校できるようになりました。

とくに苦手で不安が大きい教科（音楽・図工・体育・家庭科）は、あらかじめ単元（内容）を知ることで、どのような支援があるとよいかを先生と相談したり、前もって家で練習するなどして、苦手な教科も自分に合った学び方で授業に参加できるよう取り組んでいます。

不安があるときや苦手なことがあるときには、事前に相談できると気持ちが楽になることってあるよね。どんな支援があると学びやすいのかを相談して、家で練習できれば、自分に合った学び方が見つかるよね。

怖いトイレを克服

【診断名】●ADHD ●ASD

困ったこと

- 自動洗浄機能のない子ども用のトイレしか使えない。
- 臨機応変な対応がむずかしい。
- 音に敏感で不安感が強い。

工夫

❶ 子ども用のトイレを使う

❷ ごほうびでトイレへの拒否感をなくしていく

❸ あらかじめトイレの種類を調べる

出かける前にトイレについて調べておく

幼少期、トイレの消臭機能のモーター音や何も操作していないのに急に流れる自動洗浄トイレがとても怖く感じました。大人のトイレに一緒に連れて入ろうとすると、泣いて叫んで抵抗するほどだったそうです。

子ども用の小さいトイレは、自動洗浄機能がついていないので、不安なく座れました。出かける前には出先の施設に子ども用のトイレがあるか、どこにあるかをあらかじめ調べていました。

その後、療育施設でのトレーニングで、トイレに座ると特別なおもちゃが持てたり、丸やシールがもらえたりする活動を通して、トイレに座るとよいことがある経験を積み、自宅のトイレもコンセントを抜けば音がしないこと、音がしてもとくに怖いことは起きないことを徐々に理解し、大人用のトイレにも入れるようになりました。

急に勝手にトイレが流れるとびっくりするよね。苦手な音があるとき、その音がどこから鳴っているのか、仕組みはどうなっているのか、を理解することで、不安が軽減することもあるね。

スケジュール見通し

修学旅行のシミュレーション

【診断名】● ADHD ● ASD

困ったこと

- 臨機応変に対応することがむずかしい。
- 優先順位をつけるのが苦手。

工夫

❶

着替えや持ち物を確認する

❷ 修学旅行をシミュレーションする

❸ 次の日の準備などを事前に練習する

予定の見通しを立てて困る場面を減らす

とっさの判断で優先順位をつけたり、臨機応変に対応したりすることがむずかしいので、限られた時間でテキパキと動く移動教室などは、シミュレーションをしておくと安心して行動できました。

例えば担任の先生に修学旅行のスケジュールを事前に細かく確認します。着替えのタイミングや持ち物が変わるタイミングはよく聞くようにしました。

確認した予定に従って、順番にバッグの中に収納します。着替えも本来は使いまわしなどをすれば、荷物を少なくできますが、どれを使おうか迷ってしまうので、この日はこれを着る、その日着ていたものは１つの袋にまとめるなど、荷物の出し入れ、次の日の準備などを事前に練習しました。ポケットに必ずいれるティッシュやハンカチも忘れがちなので、すべての服にあらかじめセットしていました。

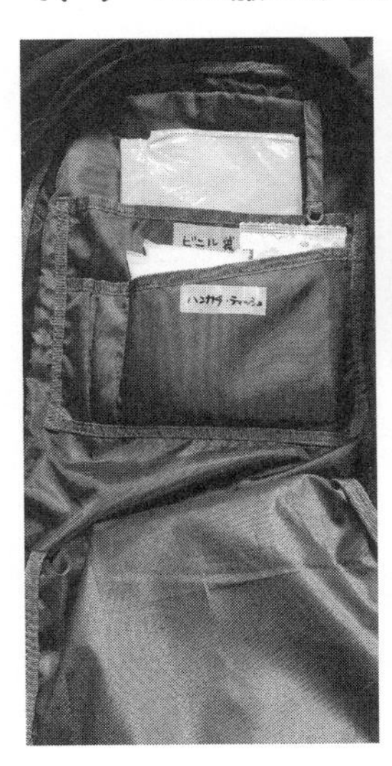

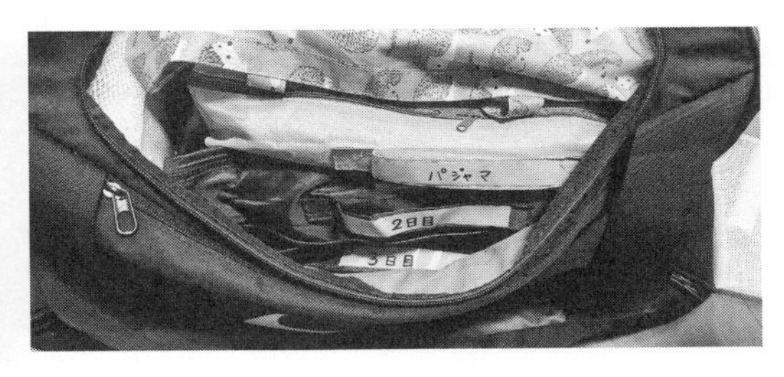

初めての場面や臨機応変に動かないといけないときって誰でも焦るよね。持ち物や活動などを事前に知って、準備して、練習できれば、気持ちにちょっと余裕ができていいかもね。

体を上手に使えるようになった運動教室

【診断名】● ADHD　● ASD

困ったこと

- 文字をバランスよく書けない。
- 板書を写すことができない。
- 集中力がない。
- 運動が苦手。

工夫

❶ 個別対応してくれる教室を探す

❷ 体を動かすコツをつかむ

❸ 体を動かす楽しさを知る

ビジョントレーニングと感覚統合

幼稚園の保育後活動のスポーツ教室が合わず、個別対応してくれる運動教室に通い始めました。そこで眼を動かしてものを追いかけることができず眼球があまり動かないこと、緊張が強く体の力がうまく抜けないことなどがわかりました。

何度練習してもうまく体を動かすことができず、ふざけていると勘違いされて怒られた経験があり、私は運動嫌いになってしまいました。

でもその教室で、ビジョントレーニングや感覚統合運動を行ない、自分に合った内容を自分のペースで教えてもらい、体を動かすコツがつかめて、できることが増えてきました。

続けるうちに、体を動かすことが楽しいと思えるようになりました。水泳やバランスボールを使い、体の力を抜く感覚を覚えたり、バランスボードに乗りながらビジョントレーニングをしたり、プランクなどの体幹筋トレをしたりしました。

体の特徴を知ることで、どうやって動かしたらいいのかを知ることができるし、どうやって動かしたらいいかがわかると、楽しいと思えるようになるかも！

姿勢を保つ

マナーもゲーム感覚で

【診断名】● ASD

困ったこと

- 興味の持てないこと、意味が理解できないことに対してまったく取り組まない。
- 集中が続かず、すぐにあきてしまう。
- なぜ注意されているのか理解しにくいため、目が泳ぎパニックになってしまう。
- 注意された感覚だけはあるため「私はダメな子」と思ってしまう。

工夫

1 ゲーム感覚で取り組める方法を考える

2 先生と共有する

3 意味が理解できないことを強要しない

ハートマーク隠しゲームで卒園式を乗り切ろう！

幼稚園の卒園式の練習で、着席するときに手をひざの上に置いて座っていることができませんでした。先生が手をひざの上に置くように伝えると、目が泳ぎ泣き出しそうになったと、担任の先生から相談を受けました。

娘はなぜ手をひざの上に置くのか意味を理解しておらず、注意をしても効果がないこと、卒園式に興味を持つことができそうになかったため、「手をひざの上に置く」ことに意識を向けさせることを目標にしました。制服の半ズボンの裾にハートマークの刺しゅうをし【座っているときは、手でハートマークを隠すゲーム】として卒園式に臨みました。

当日は、娘の視界に入る場所に座り、そわそわしてきたときには、手でハートマークをつくって合図を送ると、うれしそうにハートを手で隠していました。

式のときに手をひざに置く意味がわからなくても、ハートマーク隠しゲームなら意味もわかり取り組めたこと、また、座っていたことをほめてもらえたことで、うれしい成功体験につながったと思います。

マナーやルールの意味って、なかなかわかりにくいもの。とくに小さいときだとなおさら。ゲーム感覚で成功体験を積み重ねたら、そのときにマナーやルールの意味がわかることもあるよね。

感情的になっているときはまずクールダウンする

【診断名】●軽度知的障害

困ったこと

- 抽象的な言葉がわからない。
- 気持ちを表現する語彙が少ない。
- 感情がすぐに言動や態度に出てしまう。

工夫

❶ 気持ちを代弁してもらう

❷ 一呼吸おいてから行動する

❸ 抽象的な言い回しを避ける、遠回しな表現を使わない

自分のコミュニケーションを客観的に振り返る

体調がわるくて授業に参加できず、見学になったとき、参加できる人がうらやましくて「うまくできなかったら笑ってやろう」とクラスメイトに言ってしまいました。不快になったクラスメイトは冷たい態度をとり、私は理由がわからず、泣き出してしまいました。

担任の先生は、私の発言が原因だと指摘し、まずは発言したときの気持ちを私に聞きました。そのうえで、クラスメイトがその言葉を受けてどういう気持ちになったかを先生が私に説明しました。

「あなたが言われたら嫌でしょう」といった相手の気持ちを推し量るような説明はわかりづらいので、「こう言うと、相手は嫌な気持ちになる、だから言わないよ」と説明されることで理解をすることができました。

また、教室の中での私の行動を写真や動画に撮って、後で、担任の先生と一緒に見て確認することで、自分の行動を客観的に見たり、そのときの気持ちを思い返したりし、場に合わない振る舞いは変えるようにしました。今では、カッとなってしまうことがあっても、一呼吸おくことを心がけています。今は働いていますが、学生時代に頻発していた人間関係のトラブルは起きていません。

相手の気持ちを理解するのはとてもむずかしいよね。どういう言葉が人を嫌な気持ちにさせるのか、知っておくのも一つだね。カッとなったときにどうしたらいいか？ 事前に考えておくのもおすすめ。

学校では適度な距離と適度な休息を

【診断名】● ADHD　● LD

困ったこと

- さまざまな刺激（音や光、人の動き、においに注意が向いてしまい、集中できない。
- 刺激を遮断することがむずかしく、疲れてしまう。
- 学校は自分にとって閉鎖空間に閉じ込められている感覚になる。

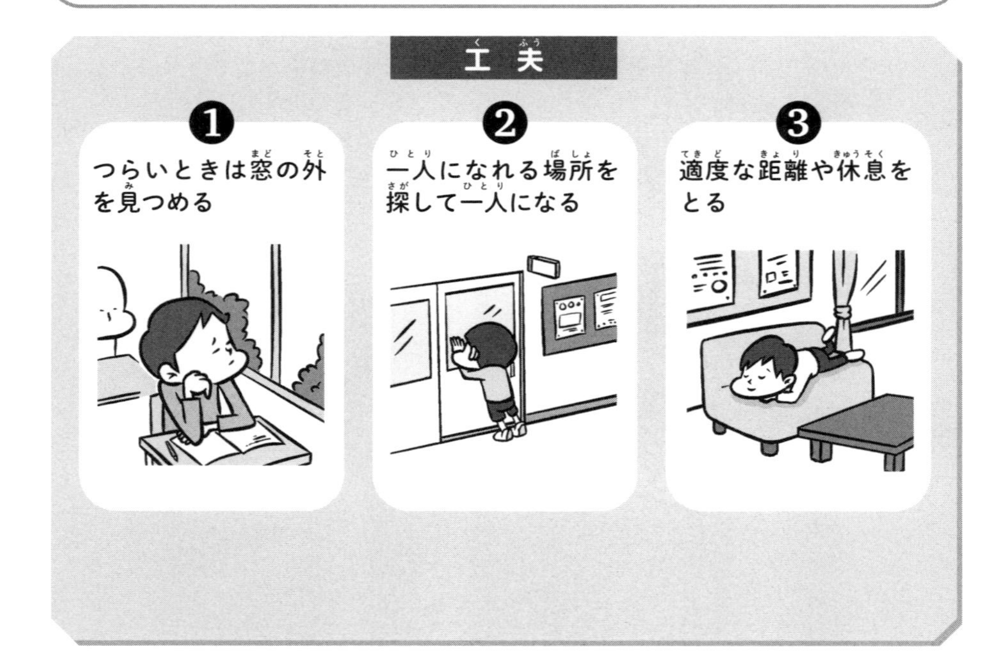

刺激から気をそらす

音や光などの刺激がたくさん入ってきてつらいときや、グループワーク終了後にみんなで雑談しているときなどの苦手な時間は、窓から外を見つめて過ごしていました。

窓の外を見ると、雲の形や太陽の位置が変わっていくようすなどを観察することに没頭できて、ほかの刺激を遮断し、無になることができます。小学校高学年のときにこの方法を自分で思いついて、今でもよくやっています。

また、学校の見取り図を見て、誰も近づかなさそうなトイレや教室を見つけて、静かに一人で過ごしたり、中休みは誰も入らない教室で寝転がって休んだりしていました。通級や相談室を使うこともありました。

このような工夫を編み出せなかったら、学校でうまくサバイブできなかったと思います。自分にとって学校は疲れがたまる場所です。閉鎖空間に閉じ込められているような感覚になります。周りの人を気にしなくていい時間を学校内でつくるために、周りの人と適度に距離をとり、自分自身が疲れすぎないように適度な休息をとることがとても大切です。

学校っていう場所は自分一人の時間をつくることが、なかなかむずかしい場所ですよね。学校の中で、たくさんの刺激から解放される場所を見つけるって、ダンジョンでの宝箱探しみたいだね。

ビーズクッションと段ボールでストレス発散

【診断名】● ADHD　● ASD

困ったこと

- イライラすることが多い。
- イライラへの対処法がわからない。

工夫

ビーズクッションに
イライラをぶつける

❷

壊してもいい段ボールを
用意する

❸ 全員が使っていいルールにする

クッションの使い方いろいろ

中学生のとき、同じ学年に私以外にもイライラすることが多く、対処法がわからなくて困っている人が何人かいました。ある先生が、100円ショップにある小さなサイズのビーズクッションを「殴るなり、寝るなり好きに使って」と言って学校に用意してくれました。

みんなイライラしたときはビーズクッションにぶつけたり、それを使って寝たりしていました。個人的に買って持ち込む人も出てきて、ビーズクッションはみんなの癒やしグッズのようになっていました。

私自身は感覚過敏による疲れやすさがあったため、中学３年生から服薬を始め、薬の量を調整していたときに副作用で体調がわるい日も多かったのですが、ビーズクッションを使ってよく休んでいました。

クッションのほかにも、「壊してもいい段ボール」が学校にはたくさんありました。イライラしている人がいたら、先生から段ボールが渡されます。みんな段ボールをボロボロにして、ストレス発散していました。私も何回か、思い出せないぐらいささいなことでイライラして、段ボールを蹴り飛ばしていました。

私がいた学年には不登校の子が多かったり、イライラする子も多く、このような工夫はたくさんされていたように思います。

イライラの対処法はたくさんあればあるほどいいよね！　怒りを自分にため込んでしまうと爆発しちゃうから、ちょっとしたイライラでも、ビーズクッションや段ボールなどを使い対処できるとよさそう。

事前に先生やクラスメイトに説明して理解してもらう

【診断名】● ADHD　● ASD

困ったこと

- さまざまな音がする環境で聞きたい音だけ聞くのにエネルギーを使う。
- 苦手な音がある（聴覚過敏）。
- 話が長くなると、聞いているけれど理解できない。

工夫

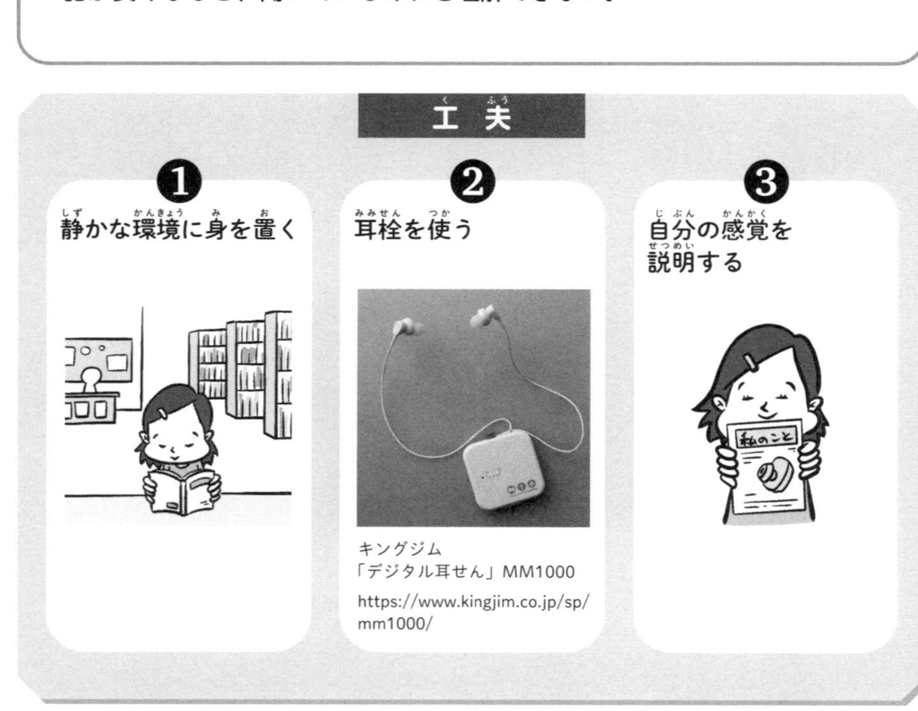

キングジム
「デジタル耳せん」MM1000
https://www.kingjim.co.jp/sp/mm1000/

年齢に合った道具の活用と周りの人達の理解

私には聴覚過敏があります。家では、会話に集中できるようテレビは消して、できるだけ静かな環境を心がけ、対面して、できるだけ短い文章で話をしていました。学校では同じようにはいかず、疲れてしまうため、４年生からデジタル耳栓を学校で使うことにしました。

事前に耳栓をしていることについて理解を促すためのチラシをつくって、学校の先生に配り周知してもらいました。また、学年の保護者会で親から子どもたちへ聞こえ方の特性を説明してもらいました。そして自分用の説明カードをいつも携帯し、質問されたら見せながら話せるよう工夫しました。

デジタル耳栓を使うとみんなの話を聞き取りやすくなり、不安が解消されると共にイライラも落ち着いていきました。中学校は小学校よりも理解ある環境で、過敏さはほとんど見られなくなっています。

聞こえにくいときは、デジタル耳栓を使用するほか、板書から先生の話していることを想像しながら、やり過ごす力もつきました。

学校は音がたくさんある場所だから、学校にいるだけでエネルギーを使ってしまうよね。チラシや説明カードはいろんな工夫を周りの人に説明する時の参考にしてみよう。

見逃さないで、疲れのサイン

【診断名】●広汎性発達障害

困ったこと

- 中学高校は毎日登校すると体力がもたず、週の後半はひどい頭痛を感じる。
- 話し声が続く環境や大きな音が鳴る環境にいつづけるとストレスを感じる。

工夫

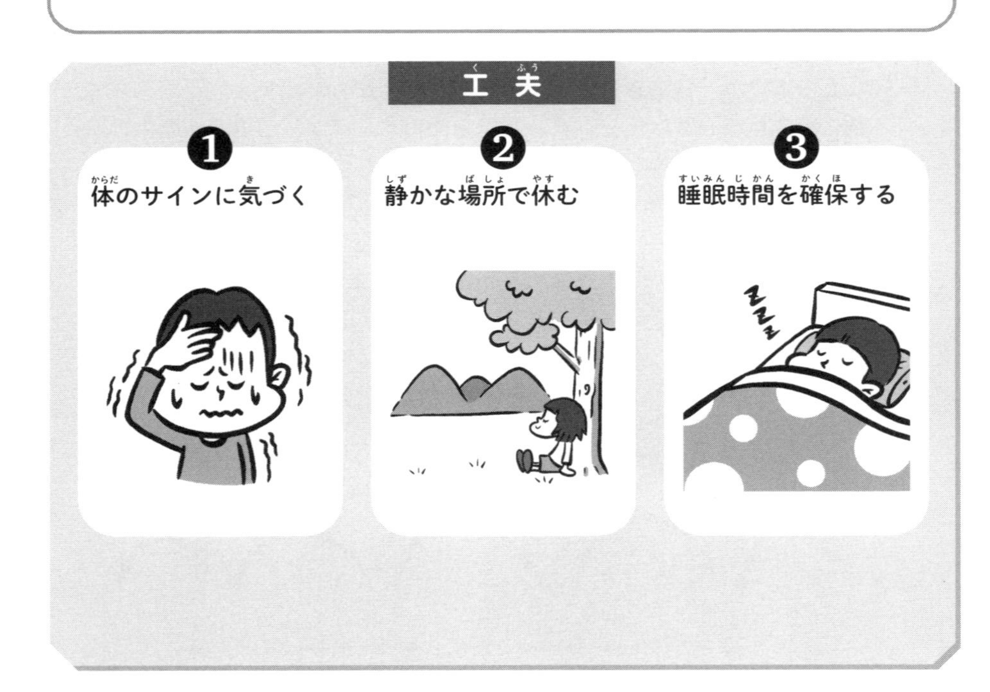

ストレスを感じたときに出るサインを知る

以前は、疲れても頑張りすぎて寝込んでしまっていました。そのため、疲れたときに自分の体に出るサインを自覚するようにしています。例えば、頭痛がする、片足をひきずって歩いている、音楽を聴いたときうるさく感じる、周囲の景色が色あせて見える、などが私のお疲れサインです。

サインに気づいたら、予定をキャンセルし、静かな場所で休むようにしています。また、日ごろから睡眠時間には気をつけて、７時間半から８時間は寝るように習慣づけています。

ほかにも、ストレスを感じたときに、ものを噛んでしまうという癖があったため、ぬいぐるみやハンカチなどを身につけておいて、噛みたくなったら代わりにそれらを手でいじるようにしていました。

自分が疲れているときって、体や心がサインを出しているはずなんだけど、なかなか気がつかないこともあるよね。意外と周りの人が気づいていることもあるから、そのサインがわからないという人は聞いてみるといいかもね。

気持ちとしんどさを表せるキーホルダー

【診断名】● ASD ● ADHD ● LD ＊疑い

困ったこと

- 音や予測できない人の動きなどがストレスになる。
- 自分が疲れていることがわかりにくい。
- 困っていることを言葉で伝えるのが苦手。

工夫

登校の頻度を調整する

❷ 気持ちとしんどさを表せるキーホルダーを用意する

❸ 学校の中につらくなったら移動できる場所を用意する

フリースクールと学校両方に通う

小学校では特別支援学級に入学しましたが、小学１年生の２学期の始業式後から行きにくくなりました。

本人に理由を尋ねると、「学校で一人になりたい」「チャイムの音がうるさい」など、感覚過敏によりつらくなることがわかりました。

担任の先生とも相談をし、学校に行く頻度（週３日など）を本人の希望を尊重し調整したり、交流級に行ってもつらくなったらすぐに帰れるように「特別支援学級に帰ります」カードをつくってもらったり、自分の気持ちとしんどさを表せるキーホルダーを用意したりしていました。

１年の１学期は何ごともなく通学できているように見えましたが、実はとてもストレスを感じていたようで、周りからは普通にしているように見えても本人の中では頑張りすぎていることがわかりました。

担任の先生とも共有し、できる限り本人のペースに合わせていただくようにお願いしました。現在は、本人の希望で自分のペースで学べる自由度の高い少人数のフリースクールと学校両方に安心して通っています。

学校は刺激がたくさんある場所だから、行くだけで疲れちゃうよね。大丈夫そうに見えても、ものすごく我慢していることもあるし、ある教科やある行事のときだけ疲れる、ということも。自分はどんなときにどれだけ疲れやすいのか？　自分なりのペースはどういうペースか？　知っておくのがおすすめ！

行事

耳栓で苦手な音をカット

【診断名】●広汎性発達障害

困ったこと

- 運動会のピストルの音、演奏会の楽器の音など、行事内の大きな音が耐え難く感じた。
- 映像を視聴すると、内容に入り込みすぎて激しく疲れたり、夜にその内容が夢に出てきたりした。

成長によって変わる耳栓の使い方

小学校から高校くらいまでは、演奏会や運動会に参加するとき、補聴器センターでつくったオーダーメイドの耳栓を使用していました。この耳栓はほかの人に気づかれにくく気軽に使える一方で、耳と耳栓がこすれて出る雑音に疲れてしまい、長時間は使えませんでした。学校の先生には耳栓を使う許可をもらいましたが、同級生には内緒で使っていました。

演奏会のときは、先生と相談してスピーカーや楽器から遠い位置に自分の席を移動することもありました。また戦争や健康被害に関するものなど自分が観てつらくなりそうな映像を視聴するときは事前に聞いて欠席していました。

大学院では、オーディオ機器メーカーのノイズキャンセリングイヤホンを使い始めました。イヤホンを使うと雑音がカットされて大きな音が鳴る環境でもその場にいられますが、一緒にいる人の話し声など必要な音も聞き取りにくくなるため、時と場合に応じてつけたり外したりしています。

苦手な音の刺激を避けるための耳栓やイヤホンって、本当にいろいろな種類があるけど、自分に合ったものを選ぶってとっても大事。さらに、TPOに合わせて、自分でイヤホンを使うときと、そうでないときを考えて使い分けるって、スマートだよね。

行事

別室で一人の演奏会

【診断名】● ASD　● DCD

困ったこと

- 人前に立つことがしんどい。
- 照明や大きな響きが苦手。

工夫

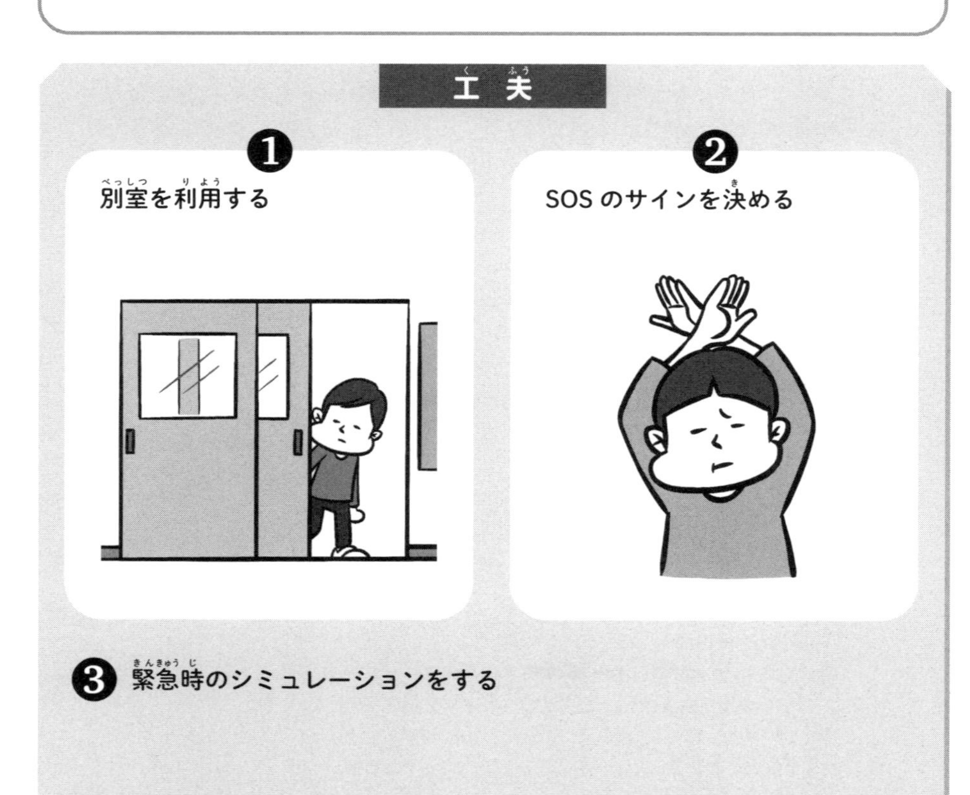

❶ 別室を利用する

❷ SOSのサインを決める

❸ 緊急時のシミュレーションをする

音楽は好きだけど苦手な音楽会に出るためにした工夫

一番苦手な行事は音楽会です。舞台から見えるたくさんの人の顔も照明も大きな響きもすべてがしんどく、小学2年のときはホールでの練習にすら一度も参加できませんでした。

誤解されやすいのですが、音楽自体はとても好きで、楽器の演奏も好きです。「舞台には立てないけれど自分なりに参加したい」という気持ちをくんでもらい、本番はモニターで舞台での演奏を見ながら、別室で鍵盤ハーモニカを演奏した年もありました。

少しずつ自分にできる経験を積みながらホールでの練習にかかわれるようになり、全体練習が始まる際は前もって舞台での立ち位置を調節してもらい、本番でしんどくなった場合のSOSサインの出し方や、サインを出したときどのようにして舞台からはけるかを先生とシミュレーションすることで見通しと安心を得て、みんなと一緒に本番に臨めた年もありました。

みんなの中にも音楽は好きだけど、音楽会は苦手という人はいるんじゃないかな？　もしかしたら運動が好きだけど運動会が苦手という人も。ぜひ自分に合っている参加の仕方を提案してみよう！　それがヒントになってもっと誰もが参加しやすくて面白い行事にアップデートできるかも？

私たちの学習の工夫リスト

１章に具体的な事例としては掲載できませんでしたが、そのほかにもこのような工夫があります。「他にどんな工夫があるのかな？」と探すときにご活用ください。

読　み

▶定規をあてて読む

▶カラーバールーペをあてて読む

▶リーディングトラッカーをあてて読む

▶指で追って読む

▶音読ではなく黙読をする

▶キーワードだけ拾って読む（Scan reading）

▶文節で切れるように線をいれる

▶間違えやすいところを丸で囲う

▶好きなものや手拍子を使って拗長音を覚える

▶漢字絵本やゲームで読みを覚える

▶漢字カードでかるたをして形と訓読みを覚える

▶音声教材、マルチメディアデイジー教材を使う

▶電子版の教科書を使う

▶読み上げソフトを使う

▶図解の多い参考書を使う

▶漫画を読んで内容を暗記する

▶スマートスピーカー（アレクサなど）に質問する

書　き

▶パソコンを使う（作文、漢字など）（OneNote、ワード）

▶箇条書きから始めて整理する

▶「私は〇〇と思いました。なぜなら〇〇だからです。」という型にはめて書く

▶音声入力で文をつくってから書きなおす

▶ボイスメモを使う

▶代筆を依頼する

▶黒板をデジカメで撮影する

▶連絡帳の書く文字数を減らすために枠をつくり、一部選択式にする

▶「b は右、d は左」と手振りをつけて覚える

▶文字の書き出しと終わりに点を書く

▶ノートのマスを 2 × 2 のマスに分けて書く

消しゴム

▶大きめのサイズの消しゴムを使う

▶予備の消しゴムを常に持ち歩く

聞　く

▶席の希望を伝える

▶ノイズキャンセリングイヤホンを使う

▶ゆっくり話してほしいと相手に伝える

▶タスクリストをマグネットでつくる

▶本を使って説明したり伝え方を工夫する

▶相手に「これから話すよ」と前置きしてもらう

▶話す人の方を見ていなくても聞いていると伝える

▶録音して繰り返し聞く

▶英語はスロー再生してから通常再生をして聞き取る練習

▶英語の速聴訓練

暗　記

▶元素記号を唱えながら書く

▶歌やリズムに乗せて唱えながら覚える

▶一行ずつ暗記する

▶語呂に合わせて覚える

▶一つひとつ音、形、発音をつなげる

▶ YouTube で学習チャンネルを見る

▶人に読んでもらって覚える

▶音声読み上げソフトを使う

▶保護者への連絡を付箋に書いてスマホの背面に貼る

▶クイズ形式にして覚える

▶歩きながら声に出して読む

▶好きなことと結びつける

▶学習塾等の CD と DVD で覚える

算数・数学

▶指導用教科書のコピーを参考にする

▶電卓を使って計算する

▶表計算ソフトを使う

▶そろばんを使う

▶桁がずれないようにマス目のあるノートを使う

▶ノートの右横に計算スペースをつくる

▶九九の動画を繰り返し視聴する

▶好きなキャラクターで九九カードをつくる

▶問題文の数字だけに集中する

▶文章題を解くときのキーワードに線を引いて、式をつくる

▶くるんパスを使う（41 ページ）

▶定規、コンパス、分度器を使うときは問題数を減らす

発　表

▶「参加しない、したくない」という選択を認めるよう依頼

▶家族相手にテーマを決めて発表する

例：楽しかったことを話して、発表に対しての成功体験を増やす

▶演技を習う

▶穴埋めだけすれば発表できる台本を用意する

体　育

▶やわらかいボールを使う

▶跳び箱の手の位置など、やり方を具体的に先生に聞く

▶通級による指導のときに個別で練習

▶前もって動画を見ることで、見通しを持つ

▶休み時間に５分で着替える練習

音　楽

▶人が密集するときは空間をあけてもらう

▶リコーダー用のすべりにくいシールを使う

▶ピアニカにシールや目印を貼る

▶指先を温めてから楽器を演奏する

▶楽譜に運指を書く

▶楽譜にも鍵盤にもドレミを書き込む

▶楽譜を読むのではなく、音で覚える

▶耳栓やイヤーマフを使う

▶「できそう！」と思うものだけ集中して練習して参加する

家庭科／技術／図工／美術

▶植物や臓器の絵などは、教科書をコピーしてノートに貼る

▶感触が苦手な道具には触らない

▶挿し絵などを見ながら描きたい場面を選んで授業に参加する

▶親や先生が薄く下書きして本人が取り組めるところまで準備する

▶彫刻刀や糸のこ、裁縫などはできるだけ個別支援を頼む

テスト

▶最後までいったん目を通して、どの問題から解くかを決める

▶できない・わからない問題は飛ばす

▶テストのリスニングなどは別室受験

▶周囲の筆記の音から逃れるため、別室受験

▶試験時間の延長

▶パソコンを使う

▶スクライブ（代読・代筆の人がつく）

▶リーディングペンを使う

▶計算機を使う

宿　題

▶プリント管理用の専用ファイルを作成し、もらったその場で保管する

▶スマホで締切のアラームを設定し管理

▶宿題の内容について自分に合ったものに調整を依頼

▶締切を延長してもらう

▶クローゼットの扉をペンキでぬって黒板にして書く

▶習字はお題以外の好きな文字を書く

▶ノートではなくホワイトボードを使う

▶立って宿題をする

▶体調に合わせて切り上げるタイミングを大人が調整する

▶できなかった分は土日など、気持ちに余裕があるときに回す

▶終わらないことがストレスなので必ず夜までに終わらせる

▶教師や先輩に相談して、今どの順番で何をすべきか整理しつつ、「手抜きポイント」を教えてもらう

スケジュール・見通し

▶ホワイトボードに見通しを書くように依頼

▶学校での時間割を選択制にして、順序を入れ替えたり本人ができることを選べるよう依頼

▶カレンダーに予定を記入し、大事な予定は1カ月くらい前から伝え、そこに行ったらどうなるか、行かなかったらどうなるのか、それぞれにわかりやすく伝える

▶本人の調子がわるく予定通りに行動できなくても、無理強いしない

姿勢を保つ

▶自分の身長や体に合っているサイズの机を使う

▶バランスクッションを使う

▶バレエを習う

対人関係・体調管理・ストレス対応

▶眠くなったり体調がわるくなったら、保健室に行って休む

▶疲れている日は自主的に学校を休む

▶インターネットや塾の友人など学校と家以外の場所を持つ

▶「友達は1人か2人いればいい」というスタンスを持つ

▶早寝早起きの生活習慣を身につける

▶スポーツでストレスを発散する

▶糖分補給と原因分析をする

▶休み時間は楽しいことをして過ごす

▶気持ちが落ち着かなくなったら深呼吸をする

▶いったんその場から離れる

▶単位制高校・大学では週4日登校の時間割を組み立てて調整

▶放課後毎日保健室に立ち寄り、疲労感を自覚するために養護教諭と振り返る

▶週に1、2日何も予定がない日をつくる

行　事

▶実行委員などへ積極的に立候補して、忙しくして気を紛らわせる

▶事前に行事の内容と見通しを確認して、参加の方法も選べるように交渉する

給　食

▶自分の食べられる量がわからないときは大人が量を調整する

▶残してもいいように担任に頼む

▶ふりかけや弁当を持参する

▶薬の副作用で食欲がわかないので、プロテインを持参する

▶別室で食べる

▶最初に量を減らし、後でおかわりする

▶箸が上手に使えないため、スプーンを使う

においへの過敏

▶教室に消臭剤を置く

▶お気に入りのえんぴつや消しゴムのにおいをかぎながら授業を聞く

光への過敏

▶帽子や日傘を使い目線に影をつくる

▶しんどいものは見ない

▶目をつぶる、サングラスやUVカット眼鏡をかける

音の過敏

▶ノイズキャンセリングイヤホンやイヤーマフ、デジタル耳栓を使う

▶フードをかぶって過ごす

▶金属の音がしない配膳をする

▶疲れているときは強く感じるので別室へ移動

感触の過敏

▶服のタグをすべて切り取る

▶感触が苦手なものを触るときには手袋を使う

▶ジャージ登校する

▶自分で触って服を選ぶ

2章
LD 当事者と家族へのインタビュー

LD 当事者４名と保護者２名にインタビューをしました。
LD 当事者が「多数派と自分の学び方の違い」とどのように付き合い進路を模索したのか、保護者として学校とどのように話し合いを重ねて合理的配慮を実現してきたのかなど、より詳しい内容が書いてあります。

インタビュー① 辻さん

イギリスでのディスレクシア支援と日本での大学生活

工業系の大学１年生
特徴 小学校でディスレクシアであることがわかり、６年生のときに単身イギリスへ留学
事例ページ 22 ページ

編者

辻さんは、幼稚園、小学校でどのような困りごとがあったのですか？

辻さん

幼稚園は楽しかった記憶があります。小学校にあがってからは、読み書きを中心につらい毎日でした。

自分は、ディスレクシアの中でもとくにひどいタイプのようで、文字を読むと、字が動いて見えます。字が揺れて見えるせいで気分がわるくなる、といった特徴がありました。

音読では、目で文章を追って読むと同時に、声を出さなければなりませんが、その両方をすることは自分にとってとてもむずかしいことでした。読むことだけでなく、書くことも苦手でした。小学校３年生のころ、親が「なんだかおかしいな」と気づいて、病院に行って、検査をしました。何回か通い、４年生のころディスレクシアという診断が出ました。

診断がおりてからは、担任の先生が可能な範囲での配慮をしてくれました。例えば、「夏休みの宿題がきつかったら、すべてやらなくていい」と言ってくれました。

校長先生もぼく個人の状況には理解を示してくれましたが、学校の中でディスレクシアについての知識を持っている人は誰もいませんでした。もっと専門的な支援を受けるために、親からの提案でイギリスに行くことにしました。

編者

イギリスにはいつ行かれたのでしょう？

辻さん

イギリスに行ったのは小学校６年生の９月です。高校を卒業するまで、合計８年間いました。でも夏休みや年末は日本に帰ってきていました。

初めに行った中学校は、生徒の大半がディスレクシアで、１対１で専門的な支援が受けられました。その学校には３年間行って、ディスレクシアへのさまざまな対応の仕方を学びました。当初は３年で帰国する予定でしたが、日本ではあまりよい支援は受けられないのではないか、と自分も親も思い、滞在期間を伸ばし高校に通い、結局８年間イギリスに留学しました。

抵抗感や怖さはなかったのですか？　英語を理解できるようになるまで大変だったのではと思います。

抵抗感も怖さもなかったです。新しい環境は楽しかったです。学校に入学する前に、サマースクールを体験して、ここは楽しい場所だ！　と実感して決めました。ホームシックにもかかりませんでした。

英語もわからない状態での渡英でしたが、ジェスチャーである程度の意思疎通ができ、日常生活のコミュニケーションでは不自由がありませんでした。最初の学校では携帯電話が禁止されていましたから、頼るものがなかったので、かえって短期間でしゃべれるようになったのかと思います。その後、１年くらいで会話に不自由を感じない程度にしゃべれるようになりました。

ぼくは読み書きの力は低いけれど、リスニングとスピーキングの力が高いので、それが英語の習得の助けになったのかもしれません。

どんな学校に通ったのですか？　寮生活だったのですか？

３つの学校を体験しました。１つ目の学校は、支援が充実している、けっこう手厚い指導を受けられる私立学校を選びました。先程言ったように大半の生徒がディスレクシアでした。２つ目の学校は私立の普通学校で、３つ目は公立の普通学校でした。中学から高校までイギリスで学んだわけです。

中学校ではどのような支援があったのですか？

中学では週２～３回、専門の先生から１対１で授業を受けたり、通常の授業の中でこうやって工夫したらいいよ、というアドバイスをもらいました。通常学級では、「スクライブ」という代読・代筆をしてくれる人が横についていました。発表やテストのときには、スクライブに問題を読んでもらって口頭で発表したり、テスト用紙に書いてもらって提出していました。そのほか、テストでは時間延長という配慮もありました。

横書きの英文を読みやすいように行の下に定規をあてて読んだり、書くときはブロック体よりも楽、と言われていた筆記体で書いていました。筆記体だと、単語を全部書き終わったタイミングで紙から筆記用具を離すので、文字ごとに毎回離すブロック体よりも負担が少なくて済みます。

編者

イギリスでもパソコンやネットを活用されていたのですか？

辻さん

最初の私立学校ではスクライブがいたので、あまりネットを利用しませんでした。

次の私立の普通高校では、スクライブに頼りっきりだと成長が妨げられるから、一人で対応できるように、コンピュータを使ってみよう、という方針になりました。週２回、専門の先生と１対１で、読み書きやタイピングの練習をしたり、授業の中で困ったことへの対処法を学んだりしました。

編者

合理的配慮は申請すればどの学校でも受けられるのでしょうか？
それとも、支援を受けられる学校を探す必要があるのでしょうか？

辻さん

合理的配慮を申請したら全部受けられるのではなく、テストを受ける必要があります。このテストを３年に１回受けて、その結果によって合理的配慮が必要ということがわかったら、学校に対して配慮を申請するというシステムになっています。

どこの学校でも、質や量の差があるとは思いますが、合理的配慮を受けることはできます。

編者

イギリスで支援を受ける中で、どのような変化がありましたか？

辻さん

日本にいるときは、ディスレクシアを足枷としか思っていませんでした。

イギリスで学んで、ディスレクシアという特性に対する対応の仕方がわかりました。そして、得意な分野を見つけるアドバイスをもらっていました。その結果、気持ちも軽くなり、自信もつきました。

イギリスで適性テストを受けたところ、ぼくは立体的なものの認知力が優れているということがわかりました。イギリス国内トップ３％のハイレベルでした。小学校のときから水泳やトライアスロンをしていたこともあってか、空間認知が高かったのだと思います。今、通学している日本の学校もその能力を活かせる工業系の専門学部を選びました。

イギリスの大学に進学しなかったのはなぜですか？

編者

辻さん

実はイギリスの大学に進学しようと思っていたのですが、2020 年のコロナ禍で、日本に帰ってきました。半年ぐらい、日本でアルバイトをしていました。その間に日本にも自分に合った大学があるのではと思い、いろいろ探してみた結果、工業系の大学で面白そうなところがありました。そこに興味を持って、普通の試験じゃ通らないため、ＡＯ入試を受けて、合格しました。今は大学１年生です。

入試の際に合理的配慮は受けたのですか？

編者

辻さん

何回か事前に面談をして、いくつかの合理的配慮を受けました。
まずは試験時のコンピュータの使用です。紙に問題が書かれていましたが、回答をする際、長文はコンピュータで打ち込むことができました。簡単なものはそのまま紙に書きました。終わったときに書いたものを印刷して一緒にホチキスでとじて出す形で試験を受けました。そのほかにも 30％の時間延長が認められました。

ご自身で工夫されていることはありますか？

編者

辻さん

読みに関しては、イギリスにいるときに学んだスキャンリーディングを使っています。スキャンリーディングは、まず全体を一気に読んで重要なところを探し、ゆっくり読むという手法です。文章の中で一番重要なところはどこかを、間違い探しのように探します。
マイクロソフトの Teams にも入っている機能なのですが、文章を読み上げてくれる機能を活用しています。倍速を使って、３、４倍速で読み上げの機能を使っています。ぼくは耳がいい方なので、十分聞き取れ、時間が短縮できます。

編者

授業ごとに先生が変わりますが、そのことで困ることはありませんか？

辻さん

事務の人から先生に「こういう配慮をしてください」と伝達してもらっています。先生たちが配慮してくださるので、困ることはありません。事務室も共に対応してくれます。日本もディスレクシアの支援体制が整ってきたなと思っています。

編者

工業系の大学でどんなことを勉強していますか？

辻さん

以前から航空機に関することがしたい、パイロットもいいなと思っていましたが、矯正視力の規定をクリアできないことがわかりあきらめました。友達から乗り物の施工設計、整備はどうかと勧められ、いろいろ調べてみた結果、エンジニアに興味を持っています。

編者

今まで影響を受けた人はいますか？

辻さん

似たような仕事ではないですが、有名な俳優のトム・クルーズから影響を受けました。彼もディスレクシアで、台本を読むのではなく、聞かせてもらってると聞いたことがあります。自分が苦手なことがあってもほかの人に助けてもらってる、そうやったら自分もできる、自分も大丈夫じゃんと思えました。

イギリスの１つ目の学校では、ディスレクシアの人が多かったこともよかったと思います。ディスレクシアの人がいることがいたって普通の環境だったので、周りとの差も感じませんでした。わからなかったら対応方法も周りが教えてくれる、という環境でした。

編者

最後に将来の展望を教えてください。

辻さん

大学を卒業したら、自動車系の職種に勤めたいと思っています。30、40歳の間で起業し、設計とエンジニアの能力を活かして、地元に貢献する活動をしたいと思っています。まだ、どんな内容の活動をしていくか決まっていませんが、起業することを目標の１つにしています。活動の一環として、ディスレクシアの人を支援する仕組みをつくれればとも思っています。

インタビュー②　マキさん

子どものころと大人になった今の自分の特徴との付き合い方

30 代会社員（障害者雇用）
特徴 成人になってから ADHD の診断を受けた
事例ページ 34、48、60 ページ

編者

まずはマキさんがこれまでの人生の中で困ってきたことを教えてください。

マキさん

子どものころからおしゃべりが止まりませんでした。食事のときも茶わんを持って走り回る多動な子どもでした。親が転勤族で物心ついてから４回も引っ越しをしたので、自分が周りと違うのは、住んでいた場所が違うからなんだと思っていました。

小学校のとき、授業中も頭の中の考えごとがまとまりませんでした。勉強は苦手じゃないのに、机の上には通信教育の教材がどんどんたまっていき、片づけられない状態になりました。

編者

どんな子ども時代でしたか？

マキさん

小学校の卒業文集では、「結婚しないと思う」「一人で生活し、動物と一緒に暮らす」と書いています。「お嫁さん」や「会社員」の人生を送ることを当時は考えていませんでした。

父親は教育熱心で、いい大学を出て企業に就職することを私に求めていました。毎日学校の宿題のほかに家でも課題を出され、終わらないと友達と遊ぶこともできませんでした。父への反発もあって、独自路線で行こう、となったのかもしれません。大人になった今でもあまり関係はよくありません。

小さいころから、女の子らしい恰好をしたいとは思いませんでしたし、片づけられない、という自覚がありましたから、世間が求める「女性らしさ」からもはみ出していました。

編者

**小さいころからの苦手なこと、困っていることと
どのように付き合ってきたのでしょうか？**

マキさん

うまく苦手なことを避けてきたように思います。
例えば、大縄跳びは跳ぶのが苦手なので、縄を回す役割を引き受けていました。高校生のとき、文化祭でダンスを踊るのが嫌だったし苦手だったので、看板をつくる係になりました（49ページ参照）。

編者

そういうときは自分から手を挙げるのでしょうか？

マキさん

背も高くて口も達者だったからか、臆せず自分から手を挙げるようなタイプでしたね。転校先のクラスでは訛りがあることでいじられていましたが、その場の温度感をくみ取って、集団に入っていくのが徐々にうまくなっていきました。
小学生のころから、つくったものを通じて友達とコミュニケーションをとる、という、自分の中で他者と関係性を築く型ができていました。たくさんの友達に折り紙を折ってあげたり、好きなアニメのキャラクターを描いてあげました。クラスに一人はいる「絵やモノづくりが上手な子」でした。高校で看板をつくる作業を引き受けたときは、すでに周りには美大に進学すると宣言していて、「絵を描く人」というポジションにいました。
一般的なコースだと進学・就職はむずかしいと思い、得意を活かして美術系の大学に進学し、新卒の就職活動では一般企業に総合職で就職しました。

編者

周りの大人から「苦手を克服するように」と言われたと思いますが、小さいころから「避けられることは避ける」と割り切ってこられたことには何か、理由があるのですか？

マキさん

「苦手なことは避けて得意なことを頑張る」という意識は、読んだ本の影響だと思います。小学生のころからコナン・ドイルの「シャーロック・ホームズ」のシリーズを読んでいましたが、今思うとシャーロック・ホームズはこだわりが強く人付き合いが苦手なASD傾向が強い人物です。周りの人とぶつかったりしながら事件を解決し活躍できるのは、助手のワトソンのような理解者がいて、支えられながら注意もされながら社会との接点を持てているから。と、フィクションではありますが、ホームズのように得意なことがあれば大丈夫だろう、と思えるきっかけになりました。

「私もほかの人と違うなあ」と漠然と思っていたので、自分は自分の路線で行こう、とホームズ以外にもさまざまな本の中にいる“ちょっと変わった人々”の描写から、考えるようになりました。
本のほかには、先生たちの影響もありました。絵を描くのが得意と認めてくれたのは、小学校のときの先生です。

片づけやものの管理ができないと、内申など評価の対象になるかと思いますが、そこについては対策されていましたか？

片づけや忘れ物はいくら工夫してもうまくいかないので、小学校のときにすでにあきらめていました。忘れ物をしないように、全教科の教科書をランドセルに入れていました。中高も同様で、堂々と全教科入りの大きな鞄で登校し、筋力で忘れ物を解決していました。周りの人にどうしてすべて持ち帰るのかと指摘されても、気にかけませんでした。

今はどのように苦手さと付き合っているのですか？

20 代で 1 回目の結婚をしたときに、あまりの家事や片づけのできなさに呆れられました。『片づけられない女たち』（サリ・ソルデン、WAVE 出版、2000）という本を読んで、「これは私だ」と思い、病院を受診して ADHD の診断を受けました。障害や治療への理解がなく、そのときの相手とは離婚しました。今は、私が持っている特性を意識しながら、苦手さと付き合っています。
最近は資格をとるために、勉強しています。ADHD のかかりつけ医や会社の上司に相談しながら、試験の準備を進めています。試験勉強の中でも、とくに机に向かうのが苦手なので、動画やアプリで勉強を進めています。
試験については、主治医と相談し、試験の当日 3 つの合理的配慮を申請しました。

・ほかの人が気になるため、最前列で受けること
・視覚の過敏があるため、色付き眼鏡を使用すること
・注意欠陥でケアレスミスがあるため、試験時間を延長（1.5 倍）

暮らしの中で、どうしても苦手な片づけは、今、同居しているパートナーにまかせています。もちろんできる範囲の努力はしたいなと思っています。例えば、服を 1 枚増やしたら 1 枚捨てる、必要以上に買わないなど。
でもどうしてもものが増えてしまうので、生活環境に影響が出てきたら、パートナーが私の知らない間に場所を動かしたり捨てたりすることを受け入

れています。特性を理解し共に環境をつくろうと接してくれる人と、私自身も自分の苦手を納得し受け入れるのが大事だな、と思います。
　将来的に老いてパートナーと離別した未来には、グループホームなど、私の暮らしを管理してくれるところに行こうとも考えています。

編者

そのほかにも、これは無理！　というぐらい苦手なことはありますか？

マキさん

　会社では総務の予算管理の仕事をしていますが、数字を扱う仕事なのに、数字の読み違いが多いことです。８と９を読み違えるなどのミスがありますが、パソコンの中の業務なので検算やエラーチェックを簡単にできるおかげで、ミスを防げるようになっています。
　ほかに、日にちと曜日をマッチングするのが苦手です。明日の会議、明後日の会議、月曜日、金曜日の会議など、ずれた日にちを会議日として設定してしまうことがあります。今はもう指摘してもらうしかない、と思っています。一緒に働くチームメンバーに苦手を自己開示し何かあったら指摘してもらい、デジタルな業務環境の中で間違ったらカバーできるように工夫して乗り切っています。

編者

自分の特性に対する手立てが変わったことはありますか？

マキさん

　小さいころから何度も失敗しているのが、しゃべりすぎて友達を怒らせてしまうことです。中学生のときのあだ名は「壊れたラジオ」でした。子どものとき、しゃべれない時間はノートにひたすら書き殴ることをしていました。今はSNSやブログに書いています。中学生のときからホームページをつくっていたので、かなり早い段階からデジタルに移行していました。
　頭の中がわーっとなってしまうときは、服薬で抑えられるときもありますが、効果がおちると、家族にしゃべり続けてしまいます。そういうときは落ち着くためにSNSに書いたり、パズルゲームをする、音楽を聴くなど、脳の速度にマッチした好きなことをすることで多動の衝動をごまかしたり、自分を鎮めたりしています。周りの人に「それやっているとき静かだね」と言われるものを、採用するようにしています。

編者

頭の中の考えを外に出すことで、鎮まるのですね。

マキさん

頭の中に自分が２～３人いて、しゃべっている感じです。それに耳を傾けていると日常生活がままならないので、日常に戻るためにも、いったん吐き出す作業が必要です。薬を飲んでいると頭の中の人数が減ります。常に、頭の中を言葉が流れている感じです。自転車通学のときもずっと私が私に話していました。空想とか､連想がとまらない。常に頭の中が動き回っています。

編者

苦手なことやできないことがあると、とことん落ち込む人がいますが、マキさんはどうですか？

マキさん

めっちゃ落ち込みます。

とくに中・高のときは、「どうせ自分は……」と苦しんでいました。泣きながらものを捨てたりしたこともありました。

小学生のころから、ときどき、宿題がやりきれないときなど、鬱屈してしまい、おなかが痛いと言って学校を休むことがありました。授業中に保健室に休みに行って寝ていたり、高校は苦手な授業に遅刻していったりしたこともありました。大学のときも、好きで美術系に行っていましたが、どうしても苦手な必修授業があり、課題がこなせず、その授業だけサボってしまったこともあります。

これらの根底には「こだわり」があって（宿題は完璧にやらなければ提出したくないなど）、それが自分で自分を苦しめたり、納得できずに前に進めなかったりしたのだと思います。

その「こだわり」は誰も理解できるものはでなく、自分でなだめて納得させることでしか前に進まないのだと思うようになりました。回避や逃避をしても状況は改善しないことが次第にわかってきました。

ただし、読んだ本や保健室の先生や一緒にサボってくれた友人たちの、「今は逃げたり休んだりしてもいい」というメッセージは、落ち着いて考えるのに役に立ちました。

落ち込んだときは、結局のところ、自分で自分をなんとかするしかないのだ、という底にたどり着いて、その後、再浮上してくるような感じです。

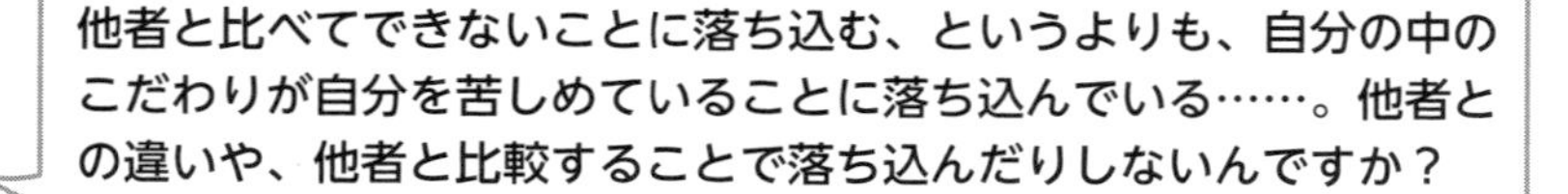

編者

マキさん

「人間は社会的な生き物で、道具を使えるのが特徴なので、私が苦手なことでも誰か得意な人ができればよいし、道具にまかせてもいい」「人間ってほかの動物と比べてこうだよなぁ」という俯瞰した視点が自分の中にあることに、最近気がついたのです。私一人ができなくても、人類視点で考えれば問題ないよね、と。他者との違い・自分にできないことで基本的には落ち込まないのは、この考え方のせいかもしれません。

癇癪や抑うつを起こすのは、私がやりたいことなのに、自身のこだわりに制限されてできない・能力が足りなくてできない、そのため納得できない、という状況が多いので、他者の存在はあまり関係ないのです。

私は私自身と対話しながら、「これが人間だもんなぁと社会との折り合いをつける点を見つけていく」ことを繰り返しています。強みを主張したり、我を通しがちだったのは、集団の中で孤立することがそこまで怖くなかったからなのかもしれません。居場所がなくなったら、場所を変えればいいと思っている節もあります。

集団によってルールやバランス感覚が違うという認識は、訛りや人との距離感が違う日本のあちこちを転校する中で身につけた感覚ですが、大学の文化人類学の講義などでも、地域性や文化によって違うものである認識を強めました。

今、気になっているのはどんなことですか？

編者

マキさん

10 代のころ、孤立よりも怖かったのは、社会が壊れることでした。例えば地球環境が悪化すること、戦争が起きること。高校生のころには年金システムの崩壊が気がかりでした。おそらくこれも脳の特性によると思いますが、グレタ・トゥーンベリさんがアスペルガー症候群と公表されていて、彼女が取り組んでいる環境問題への活動には、世界が崩壊してほしくないという気持ちを思い出し親近感を抱いています。

一方で、小学生から 10 代の時期には、身近な人間関係が悩みで、私にはない感覚を持つ人同士でお互いがケアし合う関係にある人たちをうらやましく思う瞬間もありました。ただそうして一時的には、私も友人関係や恋愛関係に悩むこともあるのですが、どうしても興味・関心の中心は、人間よりも、事象や仕組み（なぜ相手はそんな行動・心理なのだろう）に偏りがちになります。これが私の脳の特性なのだろうな、と思うのです。

マキさんはとてもポジティブに見えますが、前向きに考えるコツのようなものがありますか？

編者

マキさん

今前向きになれている理由の一つは、多動がゆえに、落ち込んだときにほかの楽しいことに目を向けて、嫌なことをいったん脇に置いているからです。目の前の楽しいことに集中するので、落ち込んでいることが忘れられます。

「悩みを誰かに相談する」ということが私にはほとんどないので、ポジティブに見えるのではないでしょうか。子どものころから悩んでも一人で完結させていました。専門家にアドバイスをもらうために相談することはあっても、身近な誰かに悩んでいることを伝える、というコミュニケーションの形を、自発的に行なうことが少ないです。

一人になって、自分自身と会話（殴り書きやSNSなどさまざまな形）して、自分が本当にこだわっていた理由をひも解いた後でしか他者と接点を持たないので、私の中では解決済みのものばかりを話すため、前向きな印象になっているのだと思います。

自分のこだわりや感情の揺れに気づくのも、悩んでいることに気づくのも、調子がわるくなってからです。子どものころなら癇癪、とくに服薬で衝動性を抑えている今は、抑うつ症状が現れてから、ようやく自分が悩んでいることに気づきます。そこまできて、ようやく自覚し、自分と慌てて対話する、こういうことを繰り返しています。

30代半ばになった今も、自分の状態を認識するのがむずかしいので、これから先も、自分を観察しながら対話し、自分の相手をしていくんだろうなぁ、とやや持て余し気味に、俯瞰の視点で捉えている自分がいます。

外との接点で見たらポジティブ、自己との対話中はニュートラル、無意識の深層はネガティブな層に分かれているのが実態かなと思っています。

癇癪や抑うつに自身が悩んでいることに気づき、自身との対話を重ねる過程があるからこそ、周りには前向きな姿に映るのですね。自身との対話をSNSで発信されています。感情整理のためだけでなく、発信したい、周りに伝えたい、という思いも感じました。

編者

マキさん

中学のときに、抑うつ状態に悩み苦しむ当事者の本を読んで、自分と同じ悩みやしんどさがあることを知って楽になったことがあるからです。SNSで発信することで誰かが楽になるといいな、と思っています。

自分自身が発信するだけでなく、信頼できる人や情報を広めていきたい思いもあります。個人の体験を知ることも大事だけど、問題解決の手段や情報が集まっているところはとても有効なので、国のポータルサイトや自治体の情報でよいものがあったら、この情報がまとまっていて役に立ったよ、など発信するようにしています。

SNSをやっている人の中には、藁にもすがる思いで検索した結果、科学的根拠がまだなかったり､不確かな情報に翻弄されてしまう人も見かけます。答えが見つかったような感覚に救われたような気持ちになるのも、よくわかります。でも人類は科学で進歩してきていて、社会的な生き物の集合知はやはり、頼れるものだという感覚があるので、救われたような気持ちは否定せずに「私はこっちの方がいいと思うな」と言い続けています。私にとって信じられる世界、という、これもこだわりなのかもしれません。

ありがとうございました。

インタビュー③　Nさん

子どもが6年生になった今、保護者として合理的配慮のプロセスを振り返る

Nさんの息子・12歳

特徴　自閉スペクトラム症の診断

※診断名として今はアスペルガー症候群という表現がなく自閉スペクトラム症という診断で、息子の場合はアスペルガー症候群に見られる特性が顕著と診断時に言われました。

3年生から現在（6年生）まで通級

事例ページ　52、70、94ページ

編者

お子さんの困りごとは、いつぐらいからあったのですか？

Nさん

小学2年生1学期のときに、学校に行きたくないと話したり、教室や保健室に入りにくい状態になりました。そのときは、親である私自身も混乱していて、担任とうまくコミュニケーションがとれず、先生に自分の不安な感情をぶつけてしまうこともありました。学校側も子どもの状態に対してどうしたらよいかわからないようでした。

学校には「子どもが学校に安心して行けないことについて、一緒に考えてください」と相談する形で支援を依頼しました。

編者

何か学校に行きにくくなるきっかけはあったのですか？

Nさん

教室がざわざわしているのがしんどい、という感覚は、本人に元々あったようです。子どもは、授業中などに騒がしかったり、授業開始時に座っていなかったりする子を注意するという「注意・声係」をやっていました。責任感が強く、やるべきことはやるという性格もあり、真面目に係をしていました。それに対して、友達からきつく言われたことを担任に相談したのですが、気持ちをわかってもらえなかった、という思いがありました。

息子にとっての大問題をわかってもらえなかったこと、ルールは守らなきゃいけないという強い思い、ネガティブなことを過大に捉えてしまう特性、教室のざわざわがしんどいことなど、さまざまなことが重なって、学校に行きにくくなったのかと思います。

学校の対応はどんなものだったのでしょうか？

編者

Nさん

学校からは、専門機関のリストと共に医療とつながることを勧められました。そして、薬の服用も強く勧められました。学校から投薬を勧められたこと、抵抗の気持ちを示す私を説得しようとしたことに、かなりショックを受けました。目の前の子どものようすを受け止めてほしい、そのうえで学校ができるかかわりを考えてほしいと思いました。

転校も考えましたが、子どもが「この学校がいい」と言ったので、もう一度、学校と話し合うことにしました。

それはなかなかつらい状況でしたね。
その後の学校との話し合いはどうなりましたか？

編者

Nさん

再度、学校に「息子は学校に行きたいという気持ちを持っています。行きたいと思っているのに行けないということが息子のしんどさです。学校が嫌い、行きたくないという言葉は息子なりの『このしんどさや不安をわかってほしい』という SOS だと思います。別室や本人が少しでも安心できる環境、かかわりを一緒に考えてください」と整理して伝えました。子どもが学校に行けないということを当事者として一緒に考えてほしいと思い、粘り強く学校と向き合いました。

市が運営する教育支援センターでの教育相談を通じて心理検査を受けることになり、その結果を持って病院の診断を受けました。自閉スペクトラム症という確定診断でした。病院では、通級利用を勧められましたので、３年生から現在（６年生）まで、通級を利用しています。

学校での具体的な支援内容には、どんなことがあったのでしょうか？

編者

Nさん

２年生の２学期から別室を用意してくれました。登校した際に、息子の意思で、教室に入るか、別室に行くかの選択ができるようになりました。教室にはほとんど入れずに、別室で過ごすことが多かったです。

別室では、担任を持っていない先生が一緒に話したり、野球やバスケなど好きなことをしたり、勉強をしたりしながら過ごしました。学校も手探りの状態でした。教師の手が足りないことがあり、別室で過ごすときは保護者が一緒にいてください、という依頼があり、２年生の３学期までは私が一緒に別室で過ごす時期もありました。

別室でかかわってくれた先生は、息子の好きなこと、好きなことがあるということをとても大事にしてくれ、一緒に楽しんでくれました。息子は自分の好きなことを大事にしてもらうことで、自分が先生に大事にされていることを強く実感したようすでした。息子に大好きな先生ができたことは、息子にとっても私にとっても大きな支えとなりました。

３年生に進級して、支援内容は変わったのでしょうか？

編者

Nさん

クラス替え、担任が交代し、教室で授業に参加したり、別室で過ごしたりしました。また、通級を利用するようにもなりました。

最初は、教室に入っても、しんどくなったら教室から出て、別室利用、もしくは帰宅できる、というルールでした。でも、しんどくなったときに「しんどい」と言えないことも考えられるので、最初のうちは、登校するときに「今日は給食までにしよう」「今日は３時間目までにしよう」などと、息子と私で話をして決めて、迎えに行っていました。

子どもはものごとを０か 100 で考えてしまって、「学校に行ったら最後までいなければならない」「教室にいたら授業に 100％参加しなければならない」と思い込んで頑張りすぎてしまうのがつらそうでした。

当時の学級担任は「100 じゃなくていい、でも０をなくそう。30 でも 40 でも OK だからね」と言ってくれました。「今日は 30 だった、50 だった」と息子にわかりやすく担任が伝えてくれました。「無理しなくていいよ」とか「ほどほど」と言われても、息子には理解しづらいのです。頑張りすぎずに自分のペースでできるように配慮してくれました。

そのときに、考えていらしたことがありましたら教えてください。

編者

Nさん

学校に行きにくい息子が学校に行くためには、見通しが大事と考えていました。息子が見通しを立てられるように、二人で決めながら、決めたことを担任の先生と共有して３年生を過ごしました。

できれば、だんだんと自分でしんどさに気づいて、大人に伝えられるようになってほしい、と思って、学級担任や通級担当にその思いを相談していました。そうなってほしいという思いは、時間をかけて息子と話をしていました。

その思いを相談していた通級担当から、「しんどくて教室から出たいという自分の気持ちを伝える方法」をアドバイスしてくれました。それはえんぴつのキャップを使って、コミュニケーションする方法でした。黄色のキャップは「しんどい」、赤のキャップは「もうむり」という意思表示で、キャップの色で学級担任が声をかけるという方法です。これを４年生から始めました。学級担任がキャップの色を見て、「しんどいんやね、どうする？」と息子に聞いてくれます（53ページ参照）。

編者

それはユニークな方法ですね。今も続いているのでしょうか？

Nさん

はい、続いています。スタートしたときには、通級のときも「ここでもしんどいと言っていいんだよ」と通級担当から言ってくれていました。４年生の学級担任がよく話を聞いてくれる方で、息子のサインをていねいにキャッチして、息子と信頼関係を築いてくれました。その影響も大きく、えんぴつのキャップを使ってヘルプを出すことができるようになりました。ときどきですが、キャップを使わずに、息子から口頭で学級担任に言えることもありました。

４年生のころから私が仕事を始めたので、息子のしんどさと私の仕事の状況によって、別室を利用したり、ときには職員室で過ごすこともあったようです。

５年生では、前年にうまくいったかかわりを引き継いでくれたこともあってか、１学期は別室を利用することはありませんでした。２学期の最初、１学期に頑張りすぎたせいか、また教室には入れなくなりました。これまで別室は、必要となって相談してからそのときに空いている教室を利用していたのですが、このときからは年度初めに特定の別室を用意してもらったことで、別室利用がスムースにでき、少しずつ教室に入れるようになりました。６年生の今も、その利用方法は変わっていません。

編者

別室という固定された場所をもらって、安心感ができたのかもしれないですね。６年生の今はどんな感じですか？

Nさん

６年生の学級担任は持ち上がりで、えんぴつキャップでの合図や別室利用などのルールが同じだったので、最初、教室に入りづらいところもありましたが、「このルートを通ったら人に会わず別室にいけるからね」と具体的に教えてくれました。子どもの「誰かに知られたくない」という思いに寄り添ってくださったと思います。

２学期にまったく登校できない時期があり、そのときは別室で給食だけ➡別室でテストを受ける➡別室で昼休みに息子の好きな教科（社会）を担任がミニ授業➡別室で教室の授業をオンラインで受ける、というように、息子と担任の先生で話し合いながら徐々に登校ペースを取り戻し、また教室で過ごせるようになりました。担任の先生と５年生から積み上げた関係性があり、私を介さず息子と先生とで相談できることが増えました。

編者

支援が引き継がれるのは重要だということですね。学校との話し合いで、ショックを受けたとおっしゃっていましたが、その後もアプローチをやめなかったのは、なぜですか？

Nさん

息子の、「学校はしんどいけれど、学校が嫌いなわけではない」という発言です。息子に合った環境調整が実現するように、学校にうまく橋渡ししたい、と思っていました。

学校と話を続けられたのは､息子が「もう行きたくない」となったときに、「何がしんどいんかな」「こういうことがあったら行きやすくなるかな」と息子に相談をしながら、学校に提案するという手順を採ったことがよかったと思っています。直接言葉にして伝えたことはありませんが、「息子には学校で学ぶ権利がある」「学校に行けないということに対しては、子どもと親だけではなく学校も当事者だ」という強い思いが私にはありました。そのような思いを持って、そのときどきの担任の先生と関係を築こうと努めました。

編者

「本人の声を聴いて」という視点は重要ですね。通級の担当がいろいろなところでサポートされていると思いますが……。

Nさん

通級の施設がある学校に行って指導を受ける形態の他校通級で、２週間に１回、90分の指導を受けていました。３年生から今の６年生まで同じ先生で信頼関係もでき、通級は息子にとっても、私にとっても非常によかったです。

息子は人の目を気にするため、ほかの学校の通級に行くことで楽になりました。相談しにくいことを通級担当から学級担任に伝えていただいたりもできました。通級担当が教育支援計画や個別の指導計画を作成して、学級担任と共有して同じスタンスで支援をしてくれました。通級、通常学級、保護者でやりとりするノートがあって情報を共有したりすることもできました。

編者

子どもとも、お母さんとも、通級担当は信頼関係があった、ということですね。通級担当と学級担任の連携など、うまく情報をつないでくれたというようなエピソードがありますか？

Nさん

３年生の学級担任は「成長させたい！」という思いが強く、息子ができたことよりも、できなかったこと、困っていることに注目して、私と先生との間で息子の「課題」についてばかり話し合う時期があり、だんだんしんどくなってしまいました。通級担当にそのことを相談すると、「学級担任と話す時間を持ちましょうか？」と言ってくださり、実行してくれました。

また、通級担当は「音楽会でしんどくなったときはこういうルートで外に出る練習」をするのはどうかなどの提案をしてくれ、学級担任に伝えてくれました。本当にさまざまな場面で、うまく間に入ってくれていました。

編者

中学校との引き継ぎなどについて、何かされていることや考えていることはありますか？

Nさん

中学校にあがるのは、かなり不安があって、いろいろと考えています。５年生に入ったぐらいから、いろんな支援機関で進路の相談をしていました。秋ぐらいに地域の公立中学校に一度行って、こういう支援を受けている、中学校だとどういう支援ができるのかなどについて、実際に話してみるのがよい、とアドバイスを受けました。

５年生の夏に小学校の校長先生に相談しに行きました。校長先生が中学校の校長に現状と支援の内容を書いた文書を送ってくれました。５年生の３学期の終わりに中学校に行って、校長先生と話しました。「別室などできることはやりますよ。なんでも相談してくださいね」という話をすることができました。また、「６年生の秋ぐらいに本人と中学校に見学に行くのはどうか」と言われ、見学のほか別室を見たり、スクールカウンセラーと話すなどして安心な環境をつくりたいと思っています。

今の通級担当は、「切れ目なく通級の支援があった方がいいから、６年生の２学期から手続きします」と言ってくれました。

家族内では、私立中学校の受験も考えていますが、迷っています。学校見学は５年生のときから、いくつか行ってみました。今は受験予定の学校の個別相談があるので、そこで相談してみようかなと考えています。

編者

**もうすでに中学校への引き継ぎをしておられる。
これまでの学校とのやりとりを通じて、感じたことはありますか？**

Nさん

息子の「学校に行きたい」という気持ちをかなえたいというのが一番で、率直に学校に気持ちを伝えながらも、先生方に対して伝えたことを全部やってほしい、と思っていたわけではありません。「私はこう思うんです（アイメッセージ）、先生はどう思われますか？」というやりとりを大事にしていました。くじけそうなときもありますけど……。そのときどきで受け止めてくれる先生にも出会えたことは恵まれていました。

高学年になって、息子は嫌なことがあっても、だんだん「言いたくない」と言うことが増えてきました。理由を聞くと「言ったら自分が傷つくから」と言います。このまま、親にはだんだん話してくれなくなってくるのかなと思っています。今後は、自分（親）が一歩引いて、息子が自分で思ったことを伝えられるようになり、息子と先生の関係性にゆだねるという気持ちを持って接するのが目標です。

編者

ありがとうございました。

インタビュー④長坂さんと母

親子の対話からうまれる相互理解

長坂さん　15 歳

特徴　聴覚過敏があり疲れやすく、学校に行けない時期もあった。

事例ページ　18、30、36 ページ

編者

お子さんは、今、高校1年生とのことですが、どのような困りごとがあったのでしょうか？

長坂さん母

小学3年生の2月ぐらいに、急に学校に入れなくなりました。学区を越境しているので親の送迎で通っていたのですが、学校の正門まで車で一緒に行っても、車の中で体がこわばってフリーズしたような状態でした。当時、原因を考えましたが、それまでの学校生活からは誰も原因が想像できずまったくわからない状態でした。今から考えると、3年生になり担任が変わり、クラス替えや教室の騒がしさが増すなどの環境の変化も大きかったように思います。また、担任の生徒を注意する頻度が1、2年時より増えたことも聴覚過敏を持つ娘にとってはつらかったのだろうと思っています。

学校とは、原因を一緒にていねいに探りましょう、というところからスタートしました。実は、同じ学校に通っていた長男は自閉症と ADHD の診断があり、支援について学校とやりとりすることも多く、学校と話し合いをする関係はできていました。4年時の担任は学級経営でなかなか大変な状況で、落ち着いてやりとりできない状態だったので、副校長先生と相談をしていました。対応してくれた副校長はとても理解がある先生でした。

編者

その1年後ぐらいに、私（注：編者の田中）と出会っているんですね。それ以降、何度かお子さんの状況についてお聞きしていると思うのですが、今、お話のあった小学校での支援のことなどをもう少し詳しく聞かせていただけますか？

長坂さん母

これまでできていた繰り上がりのある計算が、3年の年明けごろから急にできなくなったことが異変への最初の気づきです。「電卓の使用はどうでしょう」という提案が学校からあって、それを受けたのが支援の始まりです。２月に学校に行けなくなるまでは、それ以外の部分は、それほど大きな困りごととして学校・家庭双方で見えていなかったように思います。

学校に行けなくなった後、精神的にまいってしまい、「心を休めましょう」と入院をしました。４年生になり担任が替わり、さらに行けない日々が続きました。担任の先生から毎日のように登校を促す電話があり、ときには１日に４回かかってくることもありました。担任と登校に対する考えの食い違いから、登校したときにも、担任が本人に「行きたくなくても、（学校に）行くものなんだ」という話があり、そのやりとりがしんどかったようです。そのため、副校長を相談の窓口にしてもらいました。

「お昼ご飯だけでも食べにおいで」「勉強は好き？　みんなと一緒が大変なら、放課後週１回金曜日に算数の勉強を先生としよう」と声掛けをしていただき、そこから少しずつ短時間だけ学校に行くということから再スタートしました。

編者

その当時、通級や教育支援センター（適応指導教室）は利用されていましたか？

長坂さん母

不登校当時、副校長先生が娘に無理がない環境での学習機会を考えてくださいました。ところがその時点で“発達障害の診断がない”という理由から通級の利用は対象外となりました。また、適応指導教室は週１回学校に行けているため、利用の基準は満たさないという判断を受けて、そこにも行くことはできませんでした。どこか利用ができないか、副校長先生が一生懸命掛け合ってくれていましたけれど……。

編者

なかなか大変な状況ですね。５、６年生のときも、同じ状況が続いたのですか？

長坂さん母

５、６年生が大きな転換期でした。とても理解のある担任で、「中学校に向けて準備をしていこう」と方向性を決めて取り組み始めました。参加できそうな活動をあらかじめ決めて、参加できる工夫を具体的に検討していき、そこで得られた工夫の成功例を中学校の生活でどのように活かすことができるのかを考えていきました。その結果を進学時に中学校へ申し送りし、新しい環境での支援や配慮を一緒に考え続けていただける環境をつくっていけるようにする、という方針になりました。

編者

具体的にはどんなことでしょうか？

長坂さん母

例えば社会科見学のような学校外の行事でも、保護者の送迎と付き添いを認めてくれて、少しでもクラスメイトと一緒に勉強する、参加する機会が得られることを第一優先として考えてくれました。

その中で、思い浮かぶのは、修学旅行でのことです。娘は聴覚過敏があるため、環境音や人ごみの騒がしさから疲労感が強く出てしまい急に動けなくなることがあります。そこで私からの提案でもありましたが、同行させてもらいました。担任は、どのように支援や配慮をしていくのかの具体案を、熱心に一緒に考えてくださいました。

例えば初めてのところに泊まるときに、聴覚過敏もあってエアコンの音や機械音などが不快音として大きく聞こえてしまい、その部屋で眠れなくなる可能性がありました。私の宿泊用として近くに別の宿を予約して、日中は友達と一緒に行動して、１日目は親と一緒に泊まることにしました。２日目以降は本人の気持ちが、友達と一緒に泊まりたいという気持ちに向かうように小さな仕掛けを一緒に考えてくれました。また、バス移動のときに、音がしんどいけれどみんなと一緒に過ごしたいという本人の思いをくみ取り、疲労のギリギリまでお友達とバス移動し、サービスエリアなどの休憩ポイントで本人が判断し保護者の車に乗り換えることができるようにも配慮してくれました。

ほかにも、友達と行動を一緒にしていて、本人がしんどくなってしまったときに、学校の集団行動の流れを止めずに、担任と保護者が連絡を取り合う方法、保護者の待機場所とそこで休憩する際のルールなども一緒に決めていました。

これらのことは、同行されていた校長先生をはじめ、学年の先生方にも共有していただき協力してくださいました。

編者

それは手厚い配慮ですね。修学旅行のほかにもありますか？

長坂さん母

漢字を何度も書くという練習にしんどさを感じたときも、漢字練習の目的は漢字を覚えることだから、自分で漢字を覚えられる別の方法を試してみよう、と本人なりの工夫を考えさせてもらえる機会をいただけました。

また、聴覚過敏に対しては、小学校でやっていない実践を中学校でいきなりやるのはむずかしいと考えられたので、６年生の終わりには中学校への申し送りを想定して、どのようにイヤーマフを学校でストレスなく使えるか、周囲への説明方法などを担任や医師と相談して決めました。小学校では４年生のときに、担任からではなく、私から学校の子どもたちに、今、みんながいる学校に行きたい気持ちがあっても心が疲れていて行けないこと、「音」のスイッチをON・OFFすることができなくて、音全部が大きく聞こえて苦しいことを絵本にして話をしました。友達は家庭でもその話をしてくれて、そのことから保護者にも温かく見守っていただきました。保護者から卒業前に、「うちの子は、長坂さん（娘）のことを通して、つらいときはつらいって言っていいこと、助けてほしいときは助けてほしいって言っていいのだと学ばせてもらった。ありがとう。学校が多様性によい感じに対応してくれる習慣をつくったからほかの子どもにとってもすごくよい影響があったよ」という声もいただけました。

イヤーマフの使用について、中学校に申し送りをするために、どんな準備をされたのですか？

長坂さん母

小学校生活の中で使っているようす、例えばトラブルが起きたか、周りの子どもの反応はどうだったかなどと合わせて、学校から使った感想をあげてもらいました。担任は、使ったときと使わなかったときのメリットとデメリットをまとめた資料をつくってくれました。そのときのデメリットはありませんでしたが、中学校生活では英語の授業が聞き取りにくいことがデメリットになるかもしれない、という話がありました（実際にその通りでしたが、事前に、その時間だけは耳栓にするという具体策を考えておくことができました）。イヤーマフの着脱の判断を本人ができることが一番大切、という話もあがりました。これらのことをまとめて、小学校と家庭の両方から中学校へ申し送りをしました。

また、中学校への入学前に中学校側と面談する時間を設定してもらって、私と本人と中学校で詳細なやりとりをしました。とくに学校生活や行事の中で起こりそうな問題について、事前に○○の場合には××すること、△△の場合は□□することなど具体的に考え合う機会を、入学後にも継続してつくってもらうことにしました。事前に話し合えた内容としては、例えば、「疲労感が強いため教科書の持ち帰りがむずかしい場合は指定されたロッカーに保管する」や「コーディネーターの○○先生に連絡したいときはどうしたらよいか」などささいなことではありますが、事前に決めておけたことは本人にとって安心できたようです。入学後は、想定していましたが「筆記音」でテストに集中できないということが起きました。その際も、事前に想定しておいたことで即別室での試験実施という対応に切り替えていただけました。

編者

小学校での出来事や中学校の引き継ぎのことで印象に残っていることはありますか？

長坂さん

あまり覚えていませんが、教室の座席が授業の途中からでも入れるような場所にしてもらっていて助かりました。あと、登校したときには、担任が二人きりのときに自分の体調のことをコソっと聞いてくれて、周りの子に気をつかわなくて済むようにしてくれたことです。

長坂さん母

その当時、本人が話をしていたことですが、音楽の授業のときに、聴覚過敏のこともあって、内容によっては教室で担任の先生と過ごすことを選択できたことは本人には非常に楽だったようです。また、味覚にも過敏さがあって給食が食べられなかったので、お弁当を許可してもらい、持参していました。これも楽だったようです。ほかにもいろいろありますが、柔軟に対応してくださったので、本当に助かりました。

ほかにも、本人が登校したときに、担任が特別扱い、腫れ物に触るような扱いではなく、周りの子どもと同じように対応してくれたのが印象的です。学校に長い間行けていなかったので、本人にとっては友達が２年生の状態のままなんですね。でも６年生になって、嘘というか、うまく立ち回る姿を見て、「あの子のこういうのがおかしい、ひどい」と担任に訴えたときでも、「そうだよね」と聞くのではなく、それぞれの友達に事情があることをていねいに説明してくれました。そんな感じで、本当に平等に扱ってくれていると感じました。

編者

そんな支援があって、5、6年生は、3、4年生に比べて登校日数は増えたのですか？

長坂さん母

あまり大きくは増えてないと思います。ただ、元気に行ける回数が増えたように思います。担任が「外に出て体を動かすことが大事」と言ってくれたこともあって、学校に行けない場合でも、昼間に公園で体を動かすようにしていました。

６年生は登校が増えたかもしれません。前半はよく行っていました。とくに３学期は行けない日が多かったのですが、卒業に向けての行事、例えば、卒業式の練習のために行っていました。

編者

6年生のときの中学校とのやりとりは、どんな感じだったのでしょう。

長坂さん母

１月に制服の試着に行ったときに、小学校と相談して、中学校の校長先生と面談をする時間をつくってもらいました。そのときに校長先生が学校の中を案内してくれました。そのときに「体の具合がわるいとき、熱があるとき、おなかが痛いときは保健室だよね。でも気持ちの具合がわるいとき、つらいとき、疲れたときはどこで休憩しようか、そういう場所をつくることができるんだよ」という案内をしてくださったのです。本人は「家に帰らなくても、学校に休んでいい場所があるんだ」とホッとしていました。本人にとって休憩できる場所があるということで、中学校生活への希望ができたのだと思います。

そこで、本人が校長先生に「勉強をしたくないわけじゃない。勉強はしたいです。ただ、疲れたり、音の問題があって、勉強に参加できるかが不安です」と伝えました。そのことが、中学校の先生に伝わり「勉強が嫌だ、という不登校のケースとは違う。どういう工夫をしたら勉強ができるかを考えたい」というような方向になったようなのです。

編者

中学校に入学してからはどうだったのでしょう。

長坂さん母

実は、トラブルからのスタートでした。まずは、親身になってくださった校長先生が異動しました。そして、小学校がていねいに引き継いでくれた資料を担任が読んでいなかったことが入学後にわかったのです。入学式の前日に打合せ予定だったのですが学校から連絡がないので、こちらから連絡をしたら、読んでいなかったことがわかりました。急遽、学校側から学年主任ときこえの教室の先生（特別支援教育コーディネーター）を窓口にしましょう、という話になって、その日のうちに打合せをしました。それ以降、３年間、窓口はそのお二人でした。

編者

打合せはどうなったのですか？

長坂さん母

本人と私で学校に行きました。入学式での音の過敏さについて対応を話し合いました。入学式でイヤーマフを自由に使えるようにして、そのまま退場してもいいし、いすに置いて退場してもよいということになりました。ただ、ほかの人への説明がまだ済んでいないので、入場はイヤーマフなしでいすまで移動し、そのいすの下にイヤーマフを置いておきその場でつけるのが目立たずによいのでは、という配慮もいただけました。

もう一つ、オリエンテーションは体育館での球技大会なのですが、それにどうやったら参加できるかを一緒に考えてくれました。キュッキュッと鳴る靴の音が厳しいことを理解してくれて、視聴覚室で見学することもできる、ほかの子でそれだったら参加できたという子がいたよ、とコーディネーターから提案がありました。結果的に、それだと本人は見ているだけ、ということになるので、その日はお休みすることにしました。

それでも、そのときに、「こういう参加の仕方をしている人がいるよ」という実際に学校で行なっているほかの人への配慮を知れたのは、わかりやすかったです。

その当時のことを覚えていますか？

入学式のことは全然覚えていません。前日のやりとりは覚えていて、イヤーマフの説明をしているのを聞いて……。

コーディネーターの先生に「お友達へ自分の言葉でイヤーマフのことを話したいと思っているので相談に乗ってほしいです。よろしくお願いします」みたいなことを言ってたよ。

入学後の担任の印象が強くて……。

入学後の担任とのやりとりで、一気に不安になった感じです……。

入学式も含め、小学校のときから、いろいろな選択肢の中から選んでいたと思われますが、そのときにどんなことを考えていたのですか？

中学校では、最初、ノイズキャンセリングイヤホンを選ぶか、イヤーマフを選ぶかというような話があって、そのときは、ノイズキャンセリングイヤホンだと音楽を聴くときと同じイヤホンなので、周りの目が気になるので、イヤーマフを選んだっていうことがあります。

長坂さん母

　最初の選択肢は、入学式の打合せのときに「窓口は、担任がいいですか、私たちがいいですか」と聞かれました。話しやすい雰囲気の人を選べるので、本人も喜んでいました。
　中学校のころから、私は学校に行っていなくって、本人が学校と話をして、その話を本人から聞く、ということがほとんどだったんです。

お母さんが学校とやりとりしていたところから、少しずつ、本人が学校と話をすることが増えていったと思いますが、いつぐらいから話をするようになったのですか？

長坂さん

　元々、自分自身も言うタイプだったので、けっこう早い段階から思ったことは担任に伝えていました。3、4年生は繰り上がりを覚えていられないぐらいだったので、考えがまとまっていない感じは覚えています。

長坂さん母

　5、6年生ぐらいから、よく伝えていたと思います。中学校のときは、私が学校に行くことは3回ぐらいしかなくて、基本的には、本人が家に帰ってきてから、「こんなことを言いたいんだけど」と相談してきて、私は「紙に書いた方がいいんじゃない」とアドバイスをするという感じです。私の中で、本人主導に切り替えたのは中学校からですね。中学校のときは、私から学校に細かい要望を伝えることはほとんどなくなって、学校に伝わりにくかったときだけフォローをするぐらいです。
　娘から直接、話しやすい先生のところにいっていたように思います。

編者

自分の思いを他者に伝えることを早い段階からしていますね。なかなか言いにくい人、うまく伝えられない人が多いと思うんですけど、なぜ、こんなふうに言えるようになったのだと思われますか？

長坂さん母

　小学校高学年から中学生くらいのとき、本人の思っていることと、私から見て本人がこう感じているのではないかと思っていることがだんだん乖離してきたのを感じていました。そうなると、「お母さん、いかがですか？」と支援者から聞かれたときに、私に聞かれても本人の気持ちとは違うので答えてはいけないのではないか、と思うようになりました。今でも親が子どもの思いや気持ちに介入することに抵抗があります。「私に聞かないで本人に聞いてください」と伝えるようにしています。また、支援会議のときに、私が説明したことに対して、本人が「そうじゃない、違う」という機会も増えてきて、自然と娘が自分で伝えることに意識が向いてきたのかもしれません。

娘の言いたいことを私の言葉で代弁するのではなく、娘の言葉で伝えてほしいと思っています。

編者

自分のことは自分で言わなきゃ、という思いがあったのですか？

長坂さん

自分で言わなきゃ、っていうよりも、お母さんの言うことは「違うな」と感じることがあったので、自分で伝えたいと思うようになったと思います。

長坂さん母

「私に聞かないでください。本人に聞いてください」と言い続けていると、支援者の人たちが「あっ、本人に聞くんでしたね」となって、いろいろな人が本人に聞いてくれるようになった気がします。

編者

今の話は、当事者にとっても、保護者にとっても、支援者にとっても大切なことですね。とくに小さいころは支援者もすぐに保護者に聞いたり、保護者は本人の代弁をしようと思ったり、本人は保護者にまかせてしまったりして、その結果、本人の望む支援とはかみ合わずにうまくいかない、ということもあります。非常に参考になりました。
いつぐらいに、気持ちや思いがずれているなぁ、違うこと言っているなぁと感じたのでしょうか？

長坂さん母

私は６年生ぐらいですね。本人と一緒に会議に行きますが、事前に親子で打合せをして、思いを確認しているんですけれど、いざ会議のときに、私が話をすると「そうじゃなくって……」ということが増えました。そう言うってことは、だいぶ、大きな違いがあるのではないかと……。

長坂さん

元々、(お母さんと) 一緒の考え方ではなかったから……いつだろう……(小声で) ずっと前から……。

長坂さん母

なぜ、子どもと話し合いをするかというと、考え方が違うので、確認しておかないと話ができないと思っているんです。

編者

（思っていることや考えていることが）違うと積極的に言うようになった時期はいつでしょう？

長坂さん

中２のときは欠席が少なくて、そのころから、お母さんとの意見がずれることが多くなったような気がします。高校受験のときの三者面談のとき。高校に行きたい理由とか。学校で生活することが多くなってきて、お母さんと考えていることが違うかなぁ、と感じるようになったと思います……。

長坂さん母

「そうじゃない」と言ったのは、小学校３、４年が初めて言われた気がします。そのころに意見が違うんだな、と感じ始めました。けっこうはっきりと言う子なので……。

編者

自分の特性を話すときには、どんなふうに周囲に伝えていましたか？

長坂さん

中学校の最初の方は……。クラスメイトからイヤーマフのことをよく聞かれるようになったので、「大きい音が苦手」、「とくに後ろからの音が苦手」と具体的な状況を伝えて、実際にイヤーマフをつけてもらったりしていました。それを気に入った友達もいたぐらいです。大人には、聴覚過敏という専門用語も使って説明していました。大人も友達も体験してもらうと理解してもらいやすい、ポジティブに受け取ってもらいやすくて、マイナスに捉えられるようなことはなかった感じがします。

長坂さん母

私が親の会を主催しているので、そこにうちの子が一緒に参加したときに、使い方や感じ方の説明がうまいんですよね……。

長坂さん

体験してもらうと、ポジティブに受け取ってもらえることが多かったです。ほかにも、不器用な子どもも使いやすい文房具というテーマがあって、そのときに、握力の弱い子でも使いやすい消しゴムや筆圧が弱い子でも書きやすいえんぴつなどを紹介したこともありました。学校でも、友達に貸したら、それがクラスでブームになったこともありました。使いやすい文具探しは、いろいろと買ってきて実際に試してみてますが、とっても楽しいです！

編者

親の会には、小さいころから一緒に参加していたのですか？

長坂さん母

2014年に親の会をスタートしたときから参加していましたね。（インタビューをしている）田中さんの講演も何回も参加していましたし。

長坂さん

参加すると面白い、事例やこんな子にはこういうふうに対応したらいい、みたいな田中さんの具体的な話を聞いて、学級でも似たようなタイプの子がいて、その通りだと思ったりして、興味深かったので参加していました。

編者

より表現しやすくなった？　自分に役に立ったことはありましたか？

長坂さん

田中さんの合理的配慮の講演を聴いていて、法律を知っていたことは、とても役に立ちました。特別扱いが嫌だったので、「自分にフィットしたもの」、「自分に必要なもの」、「これはできる（ので、必要ない）」というふうに考えることができたのがよかった気がします。

編者

高校の受験のときに思ったことや感じたこと、先生に伝えたことは？

長坂さん

中学２年生の２学期ごろから、周りが受験モードになって受験が怖いと感じるようになりました。学校で「こんな学力だと落ちる」と言われたりして、行きたい学校に落ちてしまうかもしれない、と不安だったのを覚えています。

長坂さん母

勉強をしていないと進学できないよ、というような進路指導だったことも関係しているかも……。

長坂さん

焦らされてやるのが嫌でした。でも、行きたい高校の体験授業にフル参加して、それがよかったので乗り越えるきっかけになりました。

長坂さん母

体験授業で、不安に思ったことも面談して、それも自分で申し込んで。ちゃんと自分で聞きたかったんです。不登校のことだったり、出席日数のことも聞いたりして、これが一番不安の解消になったんだよね。

長坂さん

高校受験の仕組みや不安に思っていることが解消されて、受験の不安がなくなって、受験勉強じゃなくて、普通の勉強として考えることができるようになった。

編者

高校でイヤーマフのような配慮はありますか？

長坂さん

Bluetooth のイヤホンを使っています。ノイズキャンセルの機能を必要なときに使っている。高校は、そのあたりは自由で、自分が必要なものは自分で判断して持ってきて使ってよいという校風です。ほかの人も、作文など集中したいときには、多くの人がイヤホンをして書いています。自分の集中しやすい環境をつくるために自分で工夫しているので、学校に伝えないといけないようなことはありません。

長坂さん母

ただ、保健室には、本人の詳しい情報を伝えることになっていて、聴覚過敏のことも担任にまで伝わっていますね。

長坂さん

勉強しやすい環境づくりについての話し合いがクラスであって、そのときにクラスメイトに聴覚過敏のことを話したし、ほかの友達の中でも苦手なことを話していた。

編者

進路について考えていることや、やりたいこととかありますか？

長坂さん

進路は今のところは大学進学を考えています。そのための勉強を続けている。いろいろな方向に興味を持っています。最近、飲食の接客業でアルバイトし始めて、それがすごく大変で、そこまで人と接する仕事には就きたくないとは思いました。親の会でも、使いやすい消しゴムやえんぴつ、のりのことを紹介していて、文具のデザイナーもいいなぁ、と思ったこともあります。夏には北海道にある動物系の学科のある大学のオープンキャンパスに行きました。農業、動物の繁殖、飼育などのことを聞いてきました。バイオテクノロジー、動物の飼育など、いろいろあって……。やりたいこととかどんどん増えている感じがします。

楽しそうでいい感じですね。最後に、これを読んでくださっている方に伝えたいことは？

合理的配慮って、とても大切だと感じました。でも特別扱いをすることは、周りの友達も気づいていて、配慮しすぎるとよくない。不登校の子どもの中には、話をするのが下手な子が多いと感じるので、大人には積極的に本人に聞いてほしいと思う。

親子であっても別人格であると理解することが大切だと思っています。過度の干渉はときに子どもの経験値を奪うことだと思っています。むずかしいのですが、我が子を含め、目の前の子どもたちが「幸せ」になるために私は何ができるか、大人ができることを考えて彼らの言葉に耳を傾けたいと思っています。

ありがとうございました。

インタビュー⑤　Kさん

自分に合った工夫と母親との対話、フェードアウト

Kさん　大学院生

特徴　ADHD、DCDと診断されている。
感覚過敏があるため学校生活を送るだけで疲れやすかった。

事例ページ　16、24ページ

編者

学校で勉強するときに、具体的にはどんなことに困っていて、どんな工夫をしていたのですか？

Kさん

文字を書いたり読んだり計算したりするスピードが極端に遅かったり、感覚の過敏さ、とくに光や音に対する過敏さがあったりします。

音読すると文字を音に変換することに力を使いすぎて、読み飛ばしても気づかないし、内容も理解できないので、文章を読むときは和太鼓という自動読み上げソフトを使っていました。そうすると内容を把握することだけに集中できます。

今、大学院1年で、講義中にパソコンを使ってOneNoteというソフトでノートテイクをしています。また、先生が話す内容に集中したり、環境音による疲れを軽減したりするためにノイズキャンセリングイヤホン（以下、「ノイキャン」）をずっと使っていました。

編者

OneNoteを使っているのですね。

Kさん

追加しやすいですし、ぱっと画像が入れられる、数式モードがあるので計算式も入れやすいです。私立高校在学時に受講していた数学は数式モードで対応できました。授業ごとにインデックスを分けて整理しています。

このときに、学校が、「ノートのデジタルデータをクラスメイトに渡してはいけない」というノートの貸し借りのルールを決めてくれたので、とても助かりました。

定期考査では、白い紙に黒い文字だと光の反射がまぶしくて見えないので問題文をカラーペーパーに印刷してもらったり、読み飛ばしをしないように黒い定規の使用を認めてもらったりしています。

通っている大学は学生の人数が多く、受講者がとても多い授業では、私が配慮を受けることを事前に説明していても、大学の先生も忘れてしまうことがありました。そうなると注意されることもあるので、席にヘルプマークを目印として置いていました。

最初のころから、同じ工夫をしていたのですか？

編者

いろいろと試行錯誤の繰り返しでした。

高校のときには、テストの問題文を拡大コピーしてもらったのですが、逆に読みにくくなってしまって、元に戻してくださいと伝えたこともありました。先生が柔軟に対応してくれて、すぐに元に戻してくれました。また、パソコンでつくったノートを提出するときに、最初は家で印刷して学校に持って行くようにしていたのですが、印刷したノートを家に忘れてしまうことがあるので、学校で印刷できるようにしてもらいました。ほかにも、プリント配布の授業では、スキャナーで取り込んで、それに入力して、ノートを提出することもありました。ただ、スキャナーで取り込む時間や OCR 機能でテキスト化すると間違いが多いので、自分で入力することも多いです。入力しているうちに内容を覚えることもメリットです。

思いつく工夫をやってみて、「これが私には必要」と感じたことを続けている感じです。

光や音の過敏で疲れる、とおっしゃっていましたが？

編者

一週間の疲れを棒グラフにして表すと、月曜から 100％を越える疲れが出て、寝ると少し回復しますが火曜は疲れがマックスを超えてしまって、水曜に休むことになります。回復して、木曜に登校するものの、金曜には、また疲れのマックスを超え、土日は月曜の学校のために寝て過ごす、という繰り返しでした。それが、パソコンを使ってノートをとったりノイキャンを使うことで、その疲れが 100％までに収まってなんとか乗り切れます。さらにいいことに、授業が面白いと思える余裕が出てきました。

冬場は、スカートをはくと、寒さで体力が削られるので、ズボン登校をお願いしたりしていました。

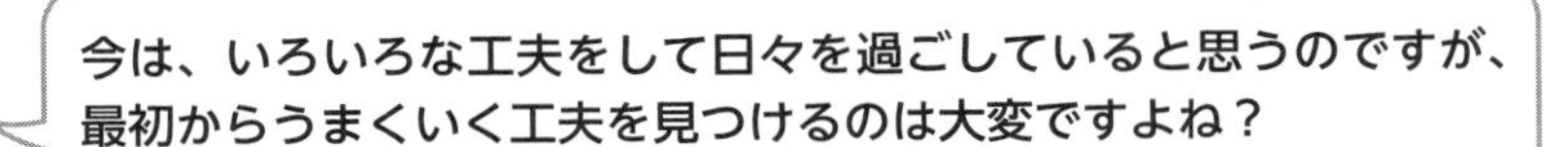

編者

Kさん

思えば、小学３年生ごろに漢字練習帳のマスを大きくしてもらわないか、ということを母親から提案されたことを覚えています。そのときは、クラス全員が同じノートを使っていたので目立ってしまうことと、クラスの雰囲気があまりよくなかったので、「その支援は受けたくない」と母親に伝えました。

小学校低学年のころは、疲れがたまってしまって、体力がもたなくて、週１回程度休んでいました。先程お話ししたような理由まではわかっていませんでしたが。小学５年生のときにいじめにあって、その冬ごろから、あまり学校に行かなくなりました。自宅では小学３年生ごろからタイピングの練習をしていました。なので、別室登校をしていたときに、母親と相談して、ポメラを使いたいと学校に伝えたのが支援を依頼した最初だと思います。そのときには別室登校を希望しており、周りの目を気にしなくてよかったので言いやすかったです。

別室登校中に先生がときどき見に来てくれましたが、基本的には一人で過ごしていました。プリント等の課題は書いていたような記憶がありますが、作文や考えをまとめていくような課題はポメラを使って書きました。

小学校で受けた配慮は、中学校に引き継がれましたか？

編者

Kさん

私立中学校に進学したので、その受験のときは、拡大コピーの配慮を受けました。受験前の相談で、学校では支援が受けられると聞いていたのですが、入学後に結局は受けられずじまいでした。また、自宅から 40 分近くかかる電車とその後の徒歩の通学の負担も大きく、２学期の終わりごろ、朝起きられなくなって、通院したら、起立性調節障害の診断を受けました。

ですので、このまま通い続けることはむずかしいと思って、中学２年生から、自宅とは少し離れた校区外の公立中学校に転学しました。教室には入れなくて、学外の適応指導教室に通うようになりました。

今思えば、スカートで通うことが体力を消耗させていたと思いますし、教室に入れなかったのは聴覚過敏だけではなく、いじめのフラッシュバックが起こっていたのではないか、と思います。

公立中学校での配慮の依頼はどうしていましたか？

編者

私立中学校のときは親子で話し合って、中学校には母親から依頼していました。授業の録音をお願いしたのですが認められず、iPad の使用も NG でした。プリントやテストの問題文の拡大コピーは許可してもらえましたが、回答は手書きでした。

高校生のときは授業中に書いたノートが自分では読めないので、記憶があるその日の放課後に先生に聞きに行って、きれいなノートをつくり直す作業をほぼ毎日していました。

公立中学校では、そもそも教室に入ることが困難だったので、授業での配慮を求めることはほとんどしていません。

自分で学校に困っていることを伝えるようになったきっかけはなんですか？

中学３年生の夏に、東京大学先端科学技術研究センターが主催する「DO-IT Japan」へ通ったのが大きなきっかけでした。そのころから、自分で少しずつ学校に伝える場面が出てきました。

国語で天声人語を書き写す課題がありましたが、手書きではまったく時間内に終わりませんでしたし、覚えられませんでした。そのころに、パソコンの授業があって、ICT 支援員さんが適応指導教室にも来てくれていて、授業中にパソコンを使うことをサポートしてくれたので、天声人語の書き写しや英語などの、パソコン利用が秋ごろにできるようになりました。

入試でパソコンを使った受験をしたいと思っていたので、そのころに、適応指導教室に高校の副校長先生が来てくださったので、配慮を申請したいと話をしました。

このころから「自分で言ってみる」ことが始まりました。ただ、手続き上は、申請書の作成も含め母親にお願いしていました。

事前に、母親と相談内容やどんなふうに伝えるのかも話し合って、自分で最初に伝えるようになりました。「DO-IT Japan」の先生にも協力してもらえるようになって、母親だけでなく、もっと支援に詳しい人と交渉方法を相談したりしていました。

高校入試の配慮申請の結果は？

公立高校入試の作文は別室受験でパソコン利用でしたが、不合格でした。２校目は、後期の受験だったために、受験申請から受験日まで日が短くて、配慮申請ができず、配慮なしで受験しました。配慮申請は２校目には引き継

がれませんでした。でも、合格してその高校に通うことになりました。

高校ではどんな話し合いの仕方になりましたか？

中学よりも自分がどんな支援が必要かが見えるようになって、誰と話をすればいいのか、ということもわかるようになりました。

高校の合格発表後の面談に母親と一緒に参加し、高校の養護教諭に、ディスレクシアや起立性調節障害の話をして、パソコン利用の依頼をしました。このときも、どちらかというと、母親が中心になって話をしていました。入学前に、パソコンの利用はダメで、カメラでの黒板撮影が認められました。

入学式前に1回目の支援会議があって、母親と私が参加し、自分が何に困っていて、どんな支援が必要なのか、ということをスライドを使って説明しました。初めて、自分でそんな説明を先生にしました。この説明の結果、カメラを使っていいことになりました。

パソコン利用はいつからOKになったのですか？

高校1年生の9月から使えました。

4月以降は、授業でカメラを使って黒板を撮影していました。授業での利用はダメでしたけど、パソコンを持参するのはOKをもらっていたので、休み時間や放課後に廊下等で、授業のノートをパソコンでまとめ直していました。

1年は中間考査がなかったので、期末考査では拡大コピーの配慮でした。

少しはしんどさが軽減したのですが、しんどいことにかわりはなかったので、どれぐらい疲れているかの振り返りを母親としていました。学校も協力してくれていて、4月当初から毎日保健室に寄ってから帰ることになっていました。

1学期末の三者面談で、「カメラで黒板撮影をしてよくても、書くのが大変で疲れてしまう」という話をしました。試験の後、週末は寝込んでいたのですが、学校には伝わっておらず、「長時間手書きすることが体調のわるさにつながっているので、パソコンを使いたい」という希望を伝えました。私から困っている状況を伝えることに加えて、私の疲れている状況については母親から客観的な状況を伝えてもらいました。

編者

2 学期からパソコン利用ができるようになったのですか？

Kさん

実はそうはならなくて……。放課後に廊下でパソコンを使ってノートをまとめ直すようすを先生が通り過ぎるときに見ていて、国語の先生が 9 月半ばに「私の授業でパソコン使っていいよ」と言ってくれたのがパソコン利用のスタートです。先生は私がパソコンを使うようすを見て、授業中でも一人でパソコンを使うことができそうだ、と思ったようです。その後、教科の先生ごとに、パソコン利用のお願いをしていきました。その結果、生物など別の授業でも使えるようになっていきました。

このとき、教科の先生へは私から相談していて、許可が下りたときには母に報告していました。むずかしいと言った先生のことも伝えていました。

編者

大学の入試や大学、大学院の修学支援はどのようなものがありましたか？

Kさん

実は、大学で配慮申請をしたときに、とても大きなことがありました。パソコン受験などの申請をして無事配慮を受けて受験して合格したのですが、大学生活での配慮については入学後の大学での支援会議の結果が出てから配慮がスタートする、ということを 3 月に言われてとても焦りました。

そこで、いろいろな人に相談して、3 月末の高校・大学・本人保護者参加の支援会議で、高校から大学に引き継ぎをしてもらった高校の個別の教育支援計画をもとに、大学での支援会議で決定するまでの間、高校で許可してもらっていたパソコンとノイズキャンセリングイヤホン（以下ノイキャン）の利用については教務課の職員の方から履修する科目の先生に個別に連絡してくださり、入学当初からパソコンやノイキャンを利用して大学の授業を受けることができるようになりました。

その後、大学の支援会議でも同様の配慮を受ける決定がなされて、大学生活の間は、ずっとパソコン、ノイキャンを利用していました。ノイキャンは音楽を聴いていると思われてしまったりと誤解が生じやすいので、「ヘルプマーク」をノイキャンに付けて使っていました。

大学院では、配慮申請をする学生自体が初めてだったようでスムーズにはいきませんでした。大学の配慮申請を大学院へ引き継いでもらうことも、最初はちょっとむずかしかったのですが、現時点では、パソコン、ノイキャンの使用などの配慮依頼文書を出して配慮を継続してもらえることになりました。学部生のころから引き続き障害学生登録をしています。

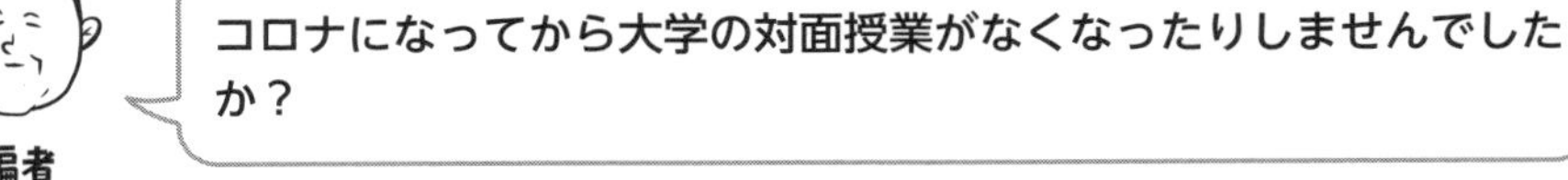

編者

Kさん

コロナで大学が完全非対面授業になりましたね。これで大学生活が大きく変わりました。コロナ対策で大学が非対面授業（オンライン・オンデマンド配信授業等）になっても、周りの学生は戸惑っていましたが、私はこれまで配慮申請していたこと、例えば、課題をパソコンで作成、メールで提出という流れをそのまましているだけだったので、大きく変わりませんでした。

自宅で授業を受ける際にも、本当に困ることはなかったですね。コロナのときは、「この状況においては学習上の障害は私にはないかもしれない」と思いました。

大学入学以降に、大学の教員に依頼することはなかったのですか？

編者

Kさん

大学の各授業の試験時の配慮依頼は、それぞれの教員に支援室から障害学生の受講状況が連絡されるので、私が事前に各授業の教員に試験のことを聞きに行って教えてもらって、配慮を依頼していました。支援室の担当心理士に配慮を受けた内容を授業ごとに伝えていました。

試験での配慮は、大学の ICT パソコン利用、自分のパソコン持ち込み、後日メールで送付、レポートへの変更などのパターンがありましたね。大学のパソコンは読み上げソフトをインストールするのが大変だったので、自分のパソコンを使っていましたが、自分から提案して、ログを取れるソフトを入れて、不正していないことを証明するためにパソコンのログも提出していました。

紙で印刷された問題文をもらう場合には、カラーペーパーへの印刷をお願いしていました。

話をここまで聞いていて、お母さんと一緒に配慮について話し合いながら、少しずつ、配慮を伝える役割がご自身に移行されて、今は一人で配慮申請をしている、というふうな感じなんですね。

編者

Kさん

そうですね。最初は、母親と自分で話をしては母が学校に伝えることから始まって、少しずつ私が学校に伝えるということになっていきましたね。母親と一緒に支援会議に参加していました。最初は、同席だけでしたが、中学、高校から段階的に、とくに高校のときには、私が話をするようになりました。

母親が少しずつフェードアウトする感じでした。

自分で伝えられるようになって、よかったことはなんでしょう？

編者

Kさん

　とくに高校生のころから自分で配慮申請をするようになったので、母親が申請するときには事前に話し合いをする必要がありましたが、私が話をするときは、その場で困ったことがあったときにすぐ対応できるようになったのでとてもよかったです。

　例えば、1年生の秋ごろに、体育祭でノイキャンを使っていいかという許可を求めたことや、体育館での行事や授業がしんどいと感じたときに、そのときに伝えて、体育館を出ることができるようになったりしました。

　母親は私の意思を尊重してくれていたので、私が「受けたくない」と伝えた配慮は、学校に伝えるようなことはありませんでした。義務教育を終えてからの方が配慮の申請は楽になった気がします。

その場で言えるメリットは大きいですね。

編者

Kさん

　自分で話ができるようになって、交渉がしやすくなったというメリットがあるのですが、申請の文書の作成、交渉などはけっこう時間と労力をとられるので、大変でした。

　大学生になってからは、学内・学外の大きな予定を体調管理とあわせて立てるようにしました（下図）。

Kさん年間スケジュール

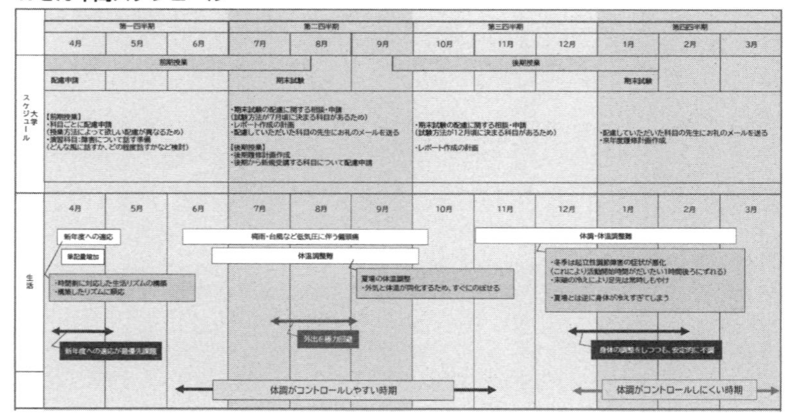

編者

アルバイトはまったくしないで過ごされましたか。していたら、そのときに申請した配慮はありますか？　また友人関係などで依頼したことなど、大学の勉強以外で何かあれば教えてください。

Kさん

今は放課後等デイサービスでアルバイトをしていて、ノイキャンを使用しています。障害を開示しないでアルバイトをしたこともありますが、なかなかうまくいかなくて辞めてしまいました。

友達は、ノイキャン等のことはすでに知っているので、改めて伝えるようなことはしていませんね。友達にも聴覚過敏の人がいるので、彼らと食事に行ったりするときには、騒がしくない個室にしたり、自然にしています。ほかにも、友達が苦手で私が得意な部分を私が担って、友達が私の苦手な部分を代わりにしてくれることもあります。

編者

最後に、自分の特性のことを、そこまで理解できたのはなぜでしょう？

Kさん

当事者の先輩の話を中学のときに聞いて学んだことは多かったです。とくに、中学校１年生のときに東京大学先端科学技術研究センターの綾屋紗月さんの話を聞いて、同じだぁ、と思ったことが大きかったです。文字の見え方、感じ方に共感しました。また、小さいころから発達検査結果の所見説明のときに、母親だけでなく、私も同席して聞いていました。

今、私が自分のことをこれだけ説明できるのは、母親との対話を小さいころからしていたことが大きいように感じます。

編者

いろいろと教えていただき、ありがとうございました。

3章

応援者からのメッセージ

６名の当事者や支援者のみなさんに、今勉強で困っていたり、学校で過ごしづらさを感じていたりする子どもたちへメッセージをもらいました。

また、「学校における子どもをサポートする仕組み」についての解説は、子どもたちに合理的配慮や特別支援教育について伝える際に参考にしてください。

支援者からのメッセージ

信州大学医学部子どものこころの発達医学教室教授
医学部附属病院子どものこころ診療部部長
本田秀夫（ほんだ・ひでお）

私は児童精神科医という仕事をしています。みなさんの心の悩みについて相談に乗り、解決策を一緒に考える仕事です。「勉強のことを病院で相談してもいいの？」と思うかもしれませんが、医療が役に立つこともあるのです。

医療ではまず、どんな理由でみなさんが勉強に困るのかを分析します。例えば、授業で習っていることが自分の得意／不得意とかみ合っていないと、いくら頑張っても勉強したことが身につきません。そこで、みなさんが自分の得意／不得意について把握して、自分に合った勉強の仕方を考えるためのお手伝いをします。

また、勉強で困る背景に別の悩みがひそんでいることがあります。とくに、家族との関係や友達との関係で悩んでいる場合などは、勉強が手につかないことがあります。SNS やゲームを始めると自分の意思でコントロールできなくなってしまう人もいます。勉強がうまくできない悩みで悶々として、ますます勉強に手がつかなくなるという悪循環に陥る人もいます。これらの問題は、自分では気がつきにくいこともありますが、適切な対応で悩みが減れば、勉強への意欲も回復する可能性があります。

自分の人生の糧になることを学ぶことは、本来楽しいものです。勉強で困っている場合、学校で提供される課題や親から勧められる進路があなたにフィットしていないのかもしれません。自分が心から「こういうことを学びたかった！」と思える環境に出会えるよう、ご協力できればと思っています。

文部科学省初等中等教育局特別支援教育課　特別支援教育調査官
加藤典子（かとう・のりこ）

学校は、さまざまな変化に対応する力や他者と共に生きていく力を培っていく場です。学校生活を送っているみなさん、学校は安心して学べる場になっていますか。誰かとつながる喜びや、自分はこの場にいてもいいんだという存在感を実感できていますか。

あなたの周りにはどんな人たちがいますか。きっと一人ひとり個性があり、一人ひとり違う、多様な人たちがいて、さまざまな出会いがあることでしょう。あなた自身も学校という社会の中でかけがえのない存在の一人です。学び方が違ったり、没頭できることや興味関心が違ったり、得意なことや苦手なことが違ったりするからこそ、お互いのことを知り合い、認め合い、学び合うことができるチャンスが広がります。自分以外の人のことを知るということは、自分を知ることにもつながり、新たな自分らしさの発見につながる可能性もあります。

子どもたちの学びにかかわっているみなさん、目の前の子どもたちは自分を頼ってくれていますか？　安心して学べていますか？　一人ひとり違う存在の子どもたちがいるからこそ、学びが広がり、学びが深まります。よりよい学びを保障するためには、信頼関係を築くことが大切で、それは、相手を知ることから始まります。子どもたちの内面の声を聞こうとしたり見えにくいものを見ようとしたりする態度は、相手を尊重する気持ちとして伝わっていきます。子どもたちは、自分が認められていると実感できるとき、きっとその相手に心を寄せます。そして、自分のことを知ろうとしてくれることに安心を感じ、人に頼るということができると思います。

私たち大人一人ひとりが頼られる存在となれるよう、また、共に生きる仲間の一人として、学び続けていきましょう。

認定 NPO 法人エッジ（NPO EDGE　Japan Dyslexia Society）会長
藤堂栄子（とうどう・えいこ）

NPO 法人エッジは法律を創ったり、制度を変えたり、支援できる人を育成したり、一人ひとりに合う学習方法を見つけるためのアセスメントを開発してきました。

私自身も小学校２年生並みのひらがなの読みのスピードで、我が子もディスレクシアがあります。

読み書きがつらいのは今の時代では大きな問題ではなくなってきています。自分に合う学習方法に巡り合っていないだけです。自分はどんな方法が合うのかな？　どんな学習スタイルだと学びやすいのかな？　とわかるととても楽になります。

絵本を読んでもらうのが大好きだったら、音から聞いて物語の面白さがわかればいいです。動画とかマンガから情報を得る、友達との語らいから理解するなどいろいろな方法があります。デジタル教科書のように ICT を使うとルビをふる、行間を変える、フォントを変えるなどがワンタッチでできます。ほかにも音声化したものを聞くこともできます。英語だって怖くありません。

漢字を覚えるのも、意味と形と読み方がわかれば大丈夫です。タッチタイピングで入力したり、音声入力をしたりしてスクリーンに出てくる文字を選べれば社会人になっても不便はありません。

作文もまず、絵に描く、話すなどしてから文字化する方法がいっぱいあります。

読み書きに困難があるから……とガッカリしないでください。自分が得意で、好きで、興味があるような分野の情報を、体験、動画、マンガや図解した図書などを通していっぱい仕入れてください。

東京都公立学校スクールカウンセラー／臨床心理士・公認心理師
初川久美子（はつかわ・くみこ）

スクールカウンセラーに相談するというと、心や対人関係の悩みをイメージするかもしれません。でも、スクールカウンセラーは勉強に関する悩みも実はよく受けています。例えば、カウンセラーはみなさんが授業を受けているようすを見に行きます。そのとき、さまざまな観点でみなさんのようすを見ていますが、その一つに、「読み書きなどで、ひっそりと困っている子はいないか」があります。静かに授業は受けているけれど、読みや書きでひっそりとつまずいて、人知れず苦戦している子はけっこういます。そういう子を見つけたら、担任の先生とその子について情報交換して、どんな配慮や工夫ができそうかなど作戦会議をすることがあります。

また、保護者がスクールカウンセラーに相談に来ることがありますが、「学校へ行きたくないと言う」「宿題をやるのにものすごく時間がかかる、毎回親子でケンカになる」といった話の背後に、実は、その子が学習でつまずいていることが隠れている場合もけっこうあります。

学校は、先生が話しているのを聞いたり、ノートを書いたり、教科書を読んだりして進む授業が多くあります。読み、書き、聞き取り、話すのどこかにつまずきがあると、理解はしているのに「できない」ように見えたり、ほかの学び方ならスムーズにできるのにそのやり方だと苦しくなったりしてしまいます。1日に5時間、6時間も授業があり、授業は“多くの人がそれなりにできるやり方”で進むため、そのやり方だと合わない少数派の子にとっては、その長い時間は内容がわかるわからない以前にとても苦痛です。

スクールカウンセラーは学習のつまずきについて、どこがどうつまずいているか、それをどうしたらいいかの対応法を知っていることがあります。授業がつらい、書くのがしんどい……、そうした声にも耳を傾けたいと思っています。勉強の困りごともぜひ聞かせてください。一緒に考えていきましょう。

当事者からのメッセージ

公認心理師／NPO法人東京都自閉症協会役員
綿貫愛子（わたぬき・あいこ）

私が学生時代にしていた工夫

- 新しいことや変化することが苦手で、よく戸惑い、パニックを起こしていました。今もそうですが、ものごとについて、Aパターン、Bパターン、Cパターン……というように複数の想定をあらかじめ持っておくことによって、自分の準備性を高め、対応できることを増やしていました。
- 完璧主義な一方で、読み書きや意図理解のむずかしさ、不注意によるミスが多く、自分の失敗にイライラし、手の甲を引っかくなど自傷行為をしていました。自分の失敗を受け入れられるようになったきっかけの一つには、日本史上、三筆や三蹟と呼ばれている人物たちの書があります。彼らの書にも誤字や脱字があることを知り、このような優れた人たちも書き誤るのだから、自分が間違えるのは当然であると納得することができました。
- 学校の一斉授業で提示される方法で、「わかった」「できた」と思えた経験はなく、自分なりの学習方法をつくってやってきました。例えば、文字について言えば、所々欠けて見えたり、にじみや揺れのある状態で見えたり、ときに反転して見えたりします。当時は、みんなそう見えているのだと思っていました。影をつくって暗いところで文字を見ると、文字が少し安定して読みやすいことに気づき、手元や体で覆って読んでいました。また、（眼球運動の特徴から）小さいサイズの文字の方が読みやすいので、小さい文字を好んで読んでいました。うまく文字を目で追い続けたり、行を移動したりすることができないので、教科書やノート、プリントに定規や筆箱をあてたり、囲み線を書き込んだり、用紙を折って見る位置や量を調整したりして工夫していました。
- 言葉の聞き取りも、例えば、音源に自分の注意をうまく向けられなかったり、子音より母音が強く聞こえるようなところがあったりして、得意ではないです。語彙や知識を増やして、恐らくこの言葉だろうと環境や文脈から推論していました。動画を視聴するときは、速度設定を速めにすると、私は聞き取りやすいです。また、字幕機能を使って視覚的に聞き取りをサポートすることもあります。

●いすの上に正座をすると、姿勢保持や注意集中を高めることができ､落ち着きます。クッションを抱えたり、ウェイトブランケットを使ったりすると、より心身が落ち着き、勉強が捗りました。

自分の立場でできるサポート

現在、私は学校現場で心理職として働いています。学校がキライだったのに、学校の仕事をしています。「わかった」「できた」と思える教材や授業、学習方法を提案したり、その人が自分らしさを大切に生きること（ライフキャリア）を支援したりする仕事です。学び方について検討するときには、専門知識に加え、自分自身の認知面や感覚面からの捉え方や、これまでの経験も参考材料にしています。

応援メッセージ

みなさんは、好きなことはありますか。好きなことは、自分にとって一番わかりやすい言葉や知識、ルールを持っていると私は思っています。好きなことは、多くのものごとを解決してくれます。例えば、ドリルやワークブックに取り組まなくても、好きなことに関する文献やネットのページを読むことで、漢字や英語はよく覚えられます。基礎ではなく、応用から入り、積み重ねるのが私の学習スタイルです。自分のこだわりやスタイルを大切に､苦手意識ではなく、好奇心から「自分の学び」をつくっていきましょう。

支援者の方へ：特別支援教育は、クリエイティブで、わくわくする学びの世界です。完成された（ように思われている）知識や技法を一方的に教えるのではなく、双方向性を持って新しい「学び」を創造していきましょう。

落語家

柳家花緑（やなぎや・かろく）

私には識字障害（LD）と注意欠如多動性障害（ADHD）があります。それを自覚できたのが 40 歳を過ぎてから。

子どものころ、私は勉強ができず、授業中でもおしゃべりが止まらずにみんなに迷惑をかけて生きてきました。何も折り合いがつかないまま卒業です。

空気の読めないことが、字が読めないことよりも問題だったかもしれません。

ゆっくり成長したと思う。他人も自分も傷を負いながら。

でもね、人生は捨てたもんじゃない。一般的にいう「苦労」。これは「経験」という言葉に置き換えられる。その「経験」という名の「体験」によって、今はいくらかマシになったと思う。今や過去の「経験」を全国の講演会などでシェアして回っているのだから。

だから今もこうして文章で語りかける。工夫で乗り越えられるかどうかも人それぞれだ。障害の程度によるからだ。重度なのか軽度なのか？

でも問題は、【あなたの目の前に困難が起きた。さぁどうしますか？】という人生の問いなんです。障害の有り無しは関係ないんですね。見方によっては健常者も大変だ。障害のせいにできない。私は今、つらいとき、発達障害のせいにします。自分を追い込みすぎないブレーキにします。それは発達障害があるおかげです。だから大丈夫！　世間はあなたが思っているよりもずーっと優しい！

一番の問題は自分で自分が許せないという心の問題だ。

だから自分を許そう！　自分を受け入れよう！　そこがスタートでゴールだ。

学校での学び方や過ごし方が合わないと感じている人をサポートする教育の仕組み

公益財団法人兵庫青少年本部　兵庫県立山の学校 学校長　田中裕一

0 学び方が合わないと感じているみなさんへ：学校にはみなさんをサポートする仕組みがある

クラスにいるみんなと同じ学び方や過ごし方が「うまく合わないなぁ」と感じた場合、先生に伝えてもいいんです。
「ほんとうに？」と思うかもしれませんが、学校には、学び方や過ごし方が合わないと感じている人を支える２つの仕組みがあります。
ひとつは、学習指導要領という学校のルールブックのなかに定められている、「個々の児童生徒の障害の状態等に応じた指導内容や指導方法の工夫」です。その解説にはさまざまな支援の方法が例示されています（詳細は「学習指導要領解説○○（教科名）」で検索）。
もう一つは、「障害を理由とする差別の解消の推進に関する法律（障害者差別解消法）」の中にある、「社会の中にあるバリアを障害のある方の求めに応じて負担が重すぎない範囲で対応すること（「合理的配慮」と言います）」です（詳細は「内閣府　合理的配慮」で検索）。
これから、そのふたつの仕組みについて2以降で説明します。より詳しく知りたい人は、最後に掲載した資料や、詳しい情報が掲載されているアドレスを参考にしてください。

1 保護者・支援者のみなさまへ

学校には、学校での学び方や過ごし方が合わない人が少なからずいます。そんな子どもたちのそばにいらっしゃる保護者・支援者のみなさんは、子どもによって違う原因やどのような支援を望んでいるのかについて模索しながら、学校と対話をしてくださっていると思います。
学校において、学び方が合わない子どもにどのように対応すべきかを示したルールがいくつかあります。それが、学校のルールブックである学習指導要領やその解説、障害者差別解消法に示されている合理的配慮の提供です。ぜひこの２つのルールをうまく活用して、子どもの学びを支えていただきたいと思っています。

2 障害の状態等に応じた指導内容や指導方法の工夫の例示

障害のある子どもを対象にした教育のことを「特別支援教育」といいます。特別支援教育は発達障害のある子どもも含めて、障害により特別な支援を必要とする子どもが在籍するすべての学校で行なわれています。

「特別支援教育」では、「障害の状態に応じて、その可能性を最大限に伸ばし、自立と社会参加に必要な力を培うため、一人一人の教育的ニーズを把握し、適切な指導及び必要な支援を行なう」としています。

このことを実現するために、2017年に幼稚園教育要領、小学校学習指導要領及び中学校学習指導要領が、2018年に高等学校学習指導要領が改訂されました。各教科等の学習指導要領解説に学習過程における想定される困難さとそれに対する指導上の意図や手立てについて示されました。

そこでは、どのようにして具体的な配慮を考えていけばよいのかの視点を、**「困難さの状態（実線箇所）」に対する「指導上の工夫の意図（二重線箇所）」と「手立て（波線箇所）」**で構造的に示しています。

【例】

「言葉での説明や指示だけでは、安全に気を付けることがむずかしい児童の場合には、その説明や指示の意味を理解し、なぜ危険なのかをイメージできるように、体験的な事前学習を行なうなどの配慮をする。」（小学校生活科）

「声を出して発表することに困難がある場合や、人前で話すことへの不安を抱いている場合には、紙やホワイトボードに書いたものを提示したり、ＩＣＴ機器を活用して発表したりするなど、多様な表現方法が選択できるように工夫し、自分の考えを表すことに対する自信がもてるような配慮をする。」（小学校国語科）

「比較的長い文章を書くなど、一定量の文字を書くことが困難な場合には、文字を書く負担を軽減するため、手書きだけではなくＩＣＴ機器を使って文章を書くことができるようにするなどの配慮をする。」（中学校国語科）

「地図等の資料から必要な情報を見付け出したり、読み取ったりすることが困

難な場合には、読み取りやすくするために、地図等の情報を拡大したり、見る範囲を限定したりして、掲載されている情報を精選し、視点を明確にするなどの配慮をする。」（高等学校地理歴史科）

このように、学習指導要領の解説の中には、読者のみなさんが学校で困っていること（困難さの状態）が書かれているかもしれません。先生に自分の困っていることを伝えるとき、どんな支援ができそうなのか知りたいときに探してみてください（詳細は「学習指導要領解説　○○（教科名）」で検索）。

ここで紹介した例以外にも支援を依頼することもできます。まずは、自分が困っていることがあれば、先生や保護者など大人に相談してみてください。

3 関係する人と情報を共有するための個別の教育支援計画

障害がある子どもに対して、教育、医療、福祉、労働等の関係機関が連携して、継続的な支援体制を整え、それぞれの年代で必要なツールとして個別の教育支援計画（学校教育以外の機関では「個別の支援計画」と名前が変わります）を作成することになっています。

特別支援学校や特別支援学級に在籍している子ども、通級による指導を受けている子どもは、2017年4月から、この個別の教育支援計画と個別の指導計画（子どもの障害の特性等に応じて指導内容や方法、支援などについて整理したシート）が必ず作成されています。

また、2018年9月からは、個別の教育支援計画を作成するときには、本人・保護者の意向を踏まえて作成することや関係機関と情報共有することが義務化されています（参考資料6参照）。

4 障害から生じている学びや生活の困難を軽減するために利用できる制度「合理的配慮」

2016年4月に施行され、2021年6月に改正された障害者差別解消法には、障害による差別的取り扱いの禁止や、公立・私立の学校等に合理的配慮を提供することが求められています（私立学校については2021年6月4日の改正日から3年以内に文部科学省が施行する日を決めることになっています）。

合理的配慮の基本的な考え方や具体例などについては、2012年に出された「共生社会の形成に向けたインクルーシブ教育システム構築のための特別支援教育の推進（報告）」（参考資料１）や、「文部科学省所管事業分野における障害を理由とする差別の解消の推進に関する対応指針」（参考資料３）の中で、次のように定義されています。

この定義には、４つのポイントがあります。

①合理的配慮提供の目的

例えば学習障害（LD）のある人の中には、文字を音声化すること（音韻処理）に時間がかかるので、紙の教科書を読むことがむずかしく、内容が理解できない人がいます。かわりに音声教材を使う工夫が考えられます。全員一律の方法で、障害のある児童等の学びが不十分になってしまうとき、それを保障するという点がポイントです。

②「誰が実施するのか」

担任だけの責任で合理的配慮を提供するのではなく、教育委員会等や学校の責任者である校園長が責任を持って、本人・保護者の意思の表明を踏まえて検討し、決定するということにつながります。この考え方は、進級時や進学時に合理的配慮等の情報を引継ぐ際にも非常に重要な視点です。

③「何を行なうのか」

「必要かつ適当な変更・調整」を行ない、「個別」に必要とされるもの、という点です。これは、子どもの障害の状態に応じて、個別具体に検討するという意味です。個別に検討した結果、同じ合理的配慮を提供する場合もあります。つまり同じ障害、同じ困りごとであっても、ひとつの決まった工夫が全員に当てはまるわけではありません。具体的には、LDで文字を書くことに困難がある場合、書く量を減らす、デジタルカメラでの黒板を撮影する、タブレット端末でノートテイク、授業の録音など、さまざまな選択肢が考えられ、「LDで文字を書くことに困難がある＝タブレット端末利用」という考え方ではない、という点です。

④支援者の過度の負担にならないもの

通知では、「学校の設置者及び学校に対して、体制面、財政面において、均衡を失した又は過度の負担を課さないもの」とされています。

どのような合理的配慮が考えられるのかについては、報告（参考資料１）や対応指針（参考資料３)、国立特別支援教育総合研究所が作成しているインクルーシブ教育システム構築支援データベースや特別支援教育教材ポータルサイト、日本学生支援機構の「大学等における学生への支援・配慮事例」、内閣府の合理的配慮等具体例データ集などで具体的に事例を見られるようになっています。

紹介した事例は、あくまで例ですので、学校と本人・保護者、関係者が話し合い（建設的対話：参考資料３参照）を行ない、どのような合理的配慮を提供するべきかを判断していくことが大切です。

この合理的配慮を学校に依頼する際には、どんなことに困っているのか、どんな方法であれば、その困っていることが解決するのか、先生や保護者など大人とも相談しながら進めていくことがとても大切です。

おわりに

学習や学校生活で困っているみなさんをサポートする仕組みを、根拠となる制度の面から説明してきました。

参考資料もいくつか挙げましたので、もっと調べたり、周囲の大人に質問したりするなどしてみてください。

そしてみなさんがやってみた工夫を、ぜひ、いろいろな形で共有してください。友達に話すだけでもかまいません。それが、周囲で同じように困っている人を助けることになるかもしれません。

みなさんの学びを支えてくれる大人は必ずいます。ぼくは、くじけず前向きに模索するみなさんを応援しています。

【参考資料】

1）「共生社会の形成に向けたインクルーシブ教育システム構築のための特別支援教育の推進（報告）」2012.7

2）「「放課後等デイサービスガイドライン」にかかる普及啓発の推進について（事務連絡）」2015.4

3）「文部科学省所管事業分野における障害を理由とする差別の解消の推進に関する対応指針」2015.11

4）「学校教育法施行規則の一部を改正する省令の公布」（高等学校における通級による指導の制度化等）2016.12

5）「発達障害を含む障害のある子どもに対する教育支援体制整備ガイドライン～発達障害等の可能性の段階から，教育的ニーズに気付き，支え，つなぐために～」2017.3

6）「学校教育法施行規則改正」（個別の教育支援計画作成時の本人・保護者の意向確認と情報共有の義務化等）2018.8

7）「障害のある子供の教育支援の手引～子供たち一人一人の教育的ニーズを踏まえた学びの充実に向けて～」2021.6

8）「特定分野に特異な才能のある児童生徒に対する学校における指導・支援の在り方等に関する有識者会議　論点整理」2021.12

あとがきにかえて
対談――当事者たちの声を聞く中で

野口晃菜（一般社団法人 UNIVA 理事）
×
田中裕一（兵庫県立山の学校 学校長、前文部科学省特別支援教育調査官）

◆我々のことを我々抜きで決めないで

【田中】 僕は文部科学省など行政で特別支援教育の政策を立案する仕事を 10 年くらいしてきました。10 年前は障害を持つ当事者が自らを語る機会はあまり多くなかったように感じていますが、ここ 5 年くらい顕著に当事者発信の情報が増えて、とても歓迎すべきことだと思っています。今回も、これだけ多くの人が情報を発信してくれたことに驚きました。最初、アンケートを依頼したときは、断られるんじゃないかと思っていましたから……。

【野口】 私は本書を編集するにあたり、2 つ感じたことがあります。1 つは田中さん同様、当事者の語りが大事だなと改めて感じました。2007 年に特別支援教育が始まって 15 年経ちます（対談を行なった 2022 年時点）。今回、特別支援教育の対象となり支援を受けてきた方たちからたくさん協力いただきました。これまでは「特別支援教育はどうあるべきか」など、専門家が語ることが多かったのですが、実際に特別支援教育を受けて来た方々の声を聞く大切さを実感しました。

その一方で当事者の人たちはいろいろな支援者と出会い、自分なりの工夫をしたりして、なんとか学校生活をサバイブしてきた姿が浮かび上がってきました。特別支援教育の取り組みは「まだまだだな」と思う部分と「ちょっとは進んだのかな」と思う部分、その両方を感じます。

【田中】 私たちに通底している考え方は、日本が 2014 年に批准した「障害者の権利に関する条約（障害者権利条約）」のスローガン“Nothing About Us

Without Us"（我々のことを我々抜きで決めないで）でしょうね。この本のテーマもこの言葉で言い表せると思います。

僕は学校の教員だったこともあって、昔に比べたら学校も、子どもの声を聞く体制になってきているのかという実感を持っていました。でも今回、いろいろ苦労している子どもたちの事例に触れると「まだまだやな」「行政の仕組みをもっとどうにかしないとあかんな」とは思いましたね。

◆試行錯誤の大切さ

【野口】事例を一つひとつ見ていくと、保護者が工夫を提案しているパターン、本人がなんとか工夫しているパターン、いい支援者・いい先生と出会ってよい工夫ができたパターンなどなど、多様なケースがあるのだなという感想を持ちました。どのパターンでも試行錯誤があったかと思います。

【田中】試行錯誤の大切さが読者の方にも伝わったらいいですね。「うまくいった」「いかなかった」ということは本人の責任じゃないということも含めてですが……。

僕が今まで出会ってきた多くの当事者は、「そんな大したことしてませんよ」と謙遜しますが、細かく話を聞くと、えんぴつの持ち方、ノートのとり方、授業の受け方など、細部にもたくさんの工夫を陰ながらしていました。

【野口】気をつけてもらいたいのは、「当事者だけが頑張ればいい」「自分自身だけが努力しなければいけない」とは思わないでほしいということです。やはり当事者が学びやすい環境を整えるのは学校の役割、支援は関係者の役割です。

実際に工夫してきた人がいることを知ることで、もしかしたら自分もできるかもしれないという気持ちを後押しできたらうれしいです。

そして同時に、支援者や専門家には、工夫を押しつけてしまっていないか、振り返ってほしいと思います。自戒も含めて、私たち支援者は、専門分野を学べば学ぶほど、「この子にはこの工夫がいる」だとか「この子はこういった特性があるから、こういう順序で支援を組み立てるべきだ」と、本人抜きで先走ってしまったり、本人の実際を前提にしないで、理論だけで考えてしまったりする傾向があります。

いろいろな選択肢の中から本人が選べたり、一緒に試行錯誤をしていくプロセスを大事にしていただきたいなと痛感しました。

【田中】 さらに、当事者にどんどん発信してもらえるとうれしいですね。以前は、何か発信しようと思ったら、LD の人たちにとっては非常に苦痛な字を書いて公表する、出版することが発信の王道だったけど、今は誰にでもどんな形でも発信できる環境が整いつつありますね。例えば SNS で経験を共有したり、YouTube で動画をつくるのも簡単にできるようになっていますよね。

障害の診断や有無に関係なく「私こんなふうにしてますよ」と気楽に言えて、アイディアや実践が共有できる社会になるといいなあと思っています。

僕は教員研修の講師をする機会がありますが、そのときに「聞いて終わらんといてください」って参加者に口を酸っぱくして言い続けています。

「聞いて、実践してみて、発信する。よかった、うまいこといかなかった、と繰り返して、PDCA サイクル（計画・実行・評価・改善）で回してください、聞いて『勉強になりました』で終わらないでくださいね」と、言い続けている……。

今後、多くの当事者の人たちが、SNS などで「こんなんやったらうまいこといった！」という経験を発信してくれたらうれしいですね。

◆支援者と当事者は【非対称】の関係

【田中】 ちょっと話題を変えますが、支援者と本人との距離感は大切だと思いますが、野口さんの思ういい距離感って具体的にいったらどんなものですか？

【野口】 押しつけない姿勢です。自分の考えやこれまでの専門知識を基準にして、相手の行動とかをこうするべきだ、ああするべきだっていうのを決めつけない。「あなたはこういう特徴」だとか「あなたはこうなんだ」っていう、その子の特徴や特性を全部わかった気にならないことです。

私が、常に支援者として持っておきたいのは、「どんな専門家であっても、その子のすべてをわかり切るのは無理」という自覚です。その事実を自覚し、そのまま受容することを大切なスタンスにしています。ものごとにも人にもいろいろな側面があるし、環境との相互作用で常に変わっていきます。その子のことをすべて知りたいと思うけど、すべて知ることはできない。知ってるつもりにならないということは意識していたいです。

もう一つは、関係の中での【非対称性を意識する】ことです。とくに子どもと大人という時点で、対等な関係性にはなり得ない。教える側と教えられる側は常に非対称なんです。支援する側がいくら「子ども目線で考える」ことを大切にした、と言ってみても支援する側に圧倒的な権力があり、支配的な関係性にあることに変わりないんです。だから子どもが大人を容易に信頼しないことは自然なことだとも思います。

【田中】もしくは、支援者が圧倒的な影響を与えることで、支援を受ける側の過度な信頼を引き出してしまうということもありますよね。

【野口】そうですね。支援する側に自覚がないと、「この先生の言うことは絶対だ！」と思ってしまい、支配関係に陥ってしまうリスクがあると思います。そうなると当事者の自発性が阻害されてしまう。

【田中】学校の教員の立場でいうと、ベストな授業っていうのはなんなんだという問題意識がありますね。ベストな授業を目標としても、ベターな授業があって、日々変えていって、目標に近づいていくという考え方に近いかもしれません。授業改善っていつまでやるんですかと聞かれたら、「先生やめるまでです」「生涯やり続けるしかないんです」って言うしかありません。質問した方にとっては残念な話かもしれませんが、どこかの時点でベストが決まらないのが教育なんですよ。

支援も同じで、今日いい支援ができたとしても、もっといい方法があるかもしれないっていうスタンスを自分の頭の中に持っておくことですね。もう今日はベスト、今日は最高、これ以上はないですという考え方をとらない方がいい。

【野口】いや、私も反省しかないですよ、毎回ね。今日もなんか子どもたちに決めつけちゃったなとか。自分の思い通りにしようとしちゃったな、とか……。

【田中】僕も支援する立場にいたときには、こうした方がいいんじゃないかっていう提案をしたことが多かったと思う。とくに若いときは……。

【野口】「支援者たるもの完璧に支援しなきゃ」「いい方向に絶対持っていくんだ」という責任感、正義感、焦りがあるからこそ陥りやすい考え方かもしれませんね。

この子を勉強できるようにしなきゃ、この子がより生きやすいようにしなきゃっていう一生懸命な気持ちが、支援者自身も子どもも追い詰めるかもしれない。

【田中】１週間とか１カ月といった短期間でなんとかしなきゃいけない緊急性の高いトラブルが中にはあります。それはそれで懸命に対応しなければなりませんが、支援者として早く結果が欲しくて、焦ったり踏み込みすぎてしまうことがありますね。

そんなときには目先の１年２年じゃなくて、もう少し長いスパンで、支援者から離れていった後の長い人生に思いを巡らして、今子どもに対して何ができるかっていうことを考えることが必要なんですね。

そんな視点からぜひ、本で紹介されている当事者の工夫を活用してもらいたいと思っています。

【野口】子どもたちに選択肢があることが大事ですよね。Aという方法があの子に合いそうだなと思ったときに、Aだけを勧めるのではなく、いろいろなやり方を提示する。

よく「お盆に載せる」って言い方しますけど、本人も交えて、できればほかの支援者も含めて、その子が今困っていることに対処していく案を考える。案をいくつか提示して、全部やらないっていう選択肢も入れて、一緒に決めていくプロセスが大事なのかなと思いますね。

【田中】実はまだ考えられていない工夫やアイディアがいっぱいあるかもしれません。子どもたちが抱えている困難を容易に解決できる方法をたくさん寄せ集めて、それにアクセスできる環境が整備されることが望ましいと思っています。

行政が環境整備をしていくということもありますが、民間でプラットフォームを構築して、そこに工夫事例を公開していく。個人のレベルで実行してみて、良し悪しを評価していくというのが、実際の役に立ちそうです。「やってよかった」とか「私には合わなかった」とか「こんな工夫を付け加えた」とか、さまざまな意見が積み重なっていく、公開のサイトがあっても面白いかもしれません。

【野口】学び方のちがいのそれぞれのケースに対して、対応した事例が集積されてくれば、支援法についての研究が進みますね。

【田中】そうですね、まだまだ過渡期というか、当事者がもっと発信して、社会的に必要なことを明らかにしていくことが必要ですね。その点では、ネットの発信力が身近になったというのは、大きな変化です。

【野口】一方で、当事者の発信にひどいコメントがつくことも多い。これが心配ですね。もっと安心して発信ができるプラットフォーム、居場所をつくっていきたいですね。

支援者から見たその子の困っていることと、保護者から見たその子の困っていること、実際に本人が困っていることの認識が、関係者の間でもかみ合っていないことがあります。それをすり合わせていくのがとてもむずかしいのです。一番ないがしろにされがちなのが、本人の困りですよね。本人がどうしたいか、どう思っているのかっていうのが、なかなか伝わってこない。子どもの声を聞くことが困難だということが大きな原因で、子どもの困りごとが尊重されづらくなっています。

◆本音を言ったら怒られた、これではなおさら言えない

【田中】同感です。子どもの声を聞くというのは本当にむずかしいですね。正しく表現できていない部分もあるかもしれないし、自分を守るために嘘、事実とは異なることを言ってしまうこともありえるわけですから、くみ取る側の力量が必要です。

「あなた本当はこう思ってるよね？」と先回りして聞かれると、子どもは自分がどうしたいのかよくわからないと、同調してしまうこともあるかもしれない。大人の側が常に「あなたの言葉をちゃんと聞く姿勢を持っていますよ」としっかり伝えていく必要があります。子どもの側に相手への信頼がないと、コミュニケーションが成立しないでしょうね。

【野口】これまでのかかわりで、本音を言ったら怒られたことが多ければ、なおさら言えないですよね。

【田中】実は、「そうなんか～」とただニュートラルに受け止めてくれる大人の存在はとても大事ですよね。ただ受け止めてくれる存在……。

【野口】大人がジャッジしたり、決めつけている場合って、やっぱり態度に出てしまうんですよね。それを子どもは敏感に感じ取る。

◆学校は外部の協力をどれだけ受け入れているか？

【野口】これまで学校だけで全部決めていたことを、保護者の思いを聞こうという方向性は、以前よりはだいぶ見られるようになってきたのではないかと思います。これはとてもよいことで、必要なことだと思います。ただ、子どもがどうしたいかを聞き、それを軸にして対応を考えることがまだまだ少ないのではないでしょうか。

【田中】ソーシャルワーカーやカウンセラーなどの専門職が学校に入って、連携を模索し始めてはいると思いますが、まだまだその事例は少ない。専門職と連携している事例があっても、積極的に公表されていないから、参考にしたくてもできないという状況もありますね。

「うちが真っ先にやるのは無理ですよ」、とおっしゃる校長先生もいますが、僕のところには ICT 機器の活用や、テスト・受験に関する支援の仕方など、合理的配慮の事例が 100 や 200 どころじゃない数で寄せられています。機会があるたびに紹介を心がけていますが、公表して評価し合うところまで行っていない。

新しいことをすることの怖さは誰にもありますが、行政や学校は輪をかけて慎重です。今の方法でもある程度回ってきたので、なかなか新しい考えや支援法を導入する決断ができない。よほどのバックアップか、引っ張っていくリーダーがいないと実現しにくいかもしれません。

◆分離教育は廃止するべきものか？

【田中】 この本のコンセプトの一つが Nothing About Us Without Us ですが、本当にたまたまなんですけど、この本を編集している最中の 2022 年 9 月に国連の委員会から日本政府に対して「障害者権利条約」(2014 年日本批准)の実施状況に関して勧告が出されました。勧告では、「障害のある子どもに対する合理的配慮の提供が不十分」などと日本の取り組みに注文を付けられています。ご存じのようにインクルーシブ教育システムの目的は「すべての子どもの教育を受ける権利を保障すること」にありますが、国連の勧告を、障害のある子どもの教育の専門研究者である野口先生はどのように思われました？

【野口】 国連の勧告をきっかけにして、日本のインクルーシブ教育をよりよい方向に進めたい、という気持ちが一番でした。

今回、「分離教育を廃止するべき」との勧告が中心になっていますが、今の学校のシステムのまま、とにかく学ぶ場を一緒にすればいいか、というと私はそうではないと思っています。

既存の学校教育のままだと、同じ教室に共にいても、学びから排除される子が出てきてしまいます。そういう現実があって、別の場を選択する子たちがたくさんいます。より多様な子どもがいることを前提に、既存の教育環境自体をよりアップデートしていく必要性を感じています。

【田中】 僕も文部科学省の特別支援教育調査官や県の教育委員会の特別支援教育課で行政に携わっていたから、今回の勧告はすごく考えることが多かった。とくにインクルーシブ教育システム、特別支援教育の仕組み自体をどういうふうに考

えるかという根本を問われているように感じました。

「障害者権利条約」の大元には、その子の力を最大限に伸ばす、社会参加を実現することをその目的にすると書かれていますね。それを達成するのに多様な方法があると思います。違う場所で学ぶことを「分離教育」という言い方で表現すると、かえって多様性が阻害されるような感じを受けます。

子どもが最大限に力を発揮し、社会参加するためにはいろいろな選択肢があって、違う場所で学ぶことで伸びるんだったらそれを選択することを準備しておかなきゃいけないし、一緒に勉強することによって伸びるんだったら、そういう場を保障しなければならない。今の制度でも十分できることはあるのではないでしょうか。

やっぱりキーワードは「本人の声」だと思いますね。自分が受けてきた教育がよいのかわるいのかも含めて、自分はこうして学びたいんだという本人の声が学校に、社会に受け止められていないのではないかと……。

【野口】さまざまな立場の人たちが発信することはすごく大事なこと。それぞれが受けた教育の経験をふまえたうえで、どういう教育システムをつくっていくかということを一緒のテーブルで対話をすることが大切だと思います。

「障害者権利条約」をふまえて、自分の権利が大事にされるための最大限の仕組みってなんなんだろう、そこに制約があるのであれば、その制約をどうやったら取り払えるのか、といういろんな当事者を中心にした対話をしていきたいですね。

【田中】2007 年に特別支援教育が始まったことが、日本の教育の大きな転換になっていますね。また、2014 年に批准された「障害者権利条約」によってもさまざまなシステムの変更がされて、改善されたことがたくさんあるけど、国際的な水準からするとまだ足りないことがある。だから今回の勧告がされた。よりよい教育の仕組みをつくるために、すべての人のことを考えた制度につくり変えるタイミングだと捉えています。

◆「子ども自身が、自分に合った学びの場を選べるように」

【田中】 保護者からすれば、我が子にはこちらの学校がいいという思いがあるかもしれないけど、子どもは行ってみたら「別の方がいい」という選択をするかもしれません。そうなったら、双方の思いを突き合わせるプロセスが大事。

就学先を決めるプロセスで保護者の意見を聞くことは法律上の立て付けになっていますが、子ども、本人の意見を確認しなくてはならないという仕組みになっていない。ただし、文科省通知では「個別の教育支援計画」をつくる際には、「本人・保護者の意向をふまえるもの」（2018 年８月）という方向に変わっています。

就学機会の選択では本人についてはまだそうなっていませんが、子どもから「自分はここで学んでみたいと思う」ということを聞くことが大切かもしれませんね。それが就学を決定する際の少なくとも最大のモチベーションにならなければいけないでしょうね。

【野口】 本当にそうですね。「子どもの権利」の観点でいうと、いつ・どこで・何を学ぶかは、本来誰もが決定できる権利が保障されるべきことだと私も思っています。

「自分に合った学びの場を保障する」方向に社会が進むのであれば、障害の有無にかかわらず、すべての人が学ぶことができる多様な場所が用意される必要があり、選択できるシステムにすべきなのではないでしょうか。そのためには、教育委員会が学校区を指定するのではなく、誰もが自分に合った学びの場、行きたい学校を選択できるようにするのがいいのでは、と思います。

◆特別支援教育が障害児専門の教育になっていないか？

【田中】 ご指摘の点は、まだ日本の特別支援教育が障害のある子だけのものとなっていることと大きな関係があると思います。海外で Special Needs Education と言えば障害のある子だけではなく、他国籍や母国語が違う子どもたちなども対象になっています。つまり学ぶにあたってハンディのある人たちが全員対象になっているんですね。

日本の特別支援教育は、障害のある子だけの制度になってしまっている。ただし、さまざまな事情がある子がまったく配慮されていないわけじゃなく、不登校の子やシングルの家庭は福祉や別の場所で対応していて、特別支援教育の範囲内では対応していない。

特別支援教育の政策範囲を広げた方がよいという考え方はありだと思います。そうなれば特別支援教育を選びやすくなって、障害があって学びに支援が必要なので特別支援教育を選んだのですと言えるようになりますし、障害の受け止めやすさが増すかもしれません。「障害があるから特別支援教育」ではなく、個別に特別に配慮された教育は、どんな人が学んでも大きな効果がありますと意識が変わっていけば、「特別」とわざわざ言わないようになりますね。

【野口】20年前のことですが、私は家族の事情で、小6から高3までアメリカにいました。英語がしゃべれないままアメリカに引っ越してなんにもわからないまま学校に通っていました。

通級のような形で英語が第二言語のクラスに通っていて、同じような境遇の子はクラス30人中で10人くらいいました。特別支援教育対象で通級をしている子もいれば、私のように言葉の教室に通級している子もいる、ソーシャルワークを受ける子もいる、スクールカウンセラーによる心理カウンセリングに通っている子もいた。誰がどこに通っているか、あえて聞く必要もない、という雰囲気がありました。このように通級に通える範囲の子を拡大していくのも1つのやり方なのかなと思ったりします。

私自身は第二言語のためのクラスがあってすごく助かったので、もしそれがなかったら、英語がわからないまま特定のクラスにいることにこそ排除を感じていたはずです。それはインクルージョン（包摂）ではないと思います。

【田中】その子の学びを考えたときに、最大限になるように学ぶ場所を保障するってことなんですよね。

【野口】中学校に入ったときも通級が必要か？　高校はどうか？　それを一定の時期ごとに毎回自分で選ぶプロセスがすごく大事です。

【田中】共感します。この本で紹介されている事例でも、ずっと続けられる工夫もあれば、小学校のときは必要だったもの、形を変えていくものなど、さまざまなケースがありましたね。

特別支援教育の中で言えば、学習指導要領解説の自立活動の中で自己選択、自己決定の文言が入っています。それは障害のある子だけではなくて、どの子にも意思表明、自己選択ができる場があるべきだという理解が不可欠だと思います。

自分がどこかに在籍したいと希望してその通りになるかはわからないけど、「僕は練習してみたらこっちがよかった」と言える、「話、意見を聞いてもらえる」っていう場面が保障されている、というのが重要だと思いますね。

【野口】通常の学級で全然支援されなくて、特別支援学級で支援してもらえるなら当然、そちらを選びますよね。まずは通常学級で支援を保障したうえで、選択できるようにしなければいけない、これが今回の国連勧告の一番のポイントだと思います。「自己決定」と言いつつ、選ばされるような状況は「自己決定」ではないですよね。

◆合理的配慮の実際

【田中】通常の学級で本人がこうしてほしいと言ったとき、教員が「それは無理」だと否定するのではなく、「ではこの案ではどう？」と代替案を出し合う。「それだったらいい」「それだったらできるよ」というやりとりが求められているのでしょう。そこまで到達していないってことでしょうね。

【野口】一番のポイントですね。現状は、「通常の学級に行くんだったら親の付き添いがなきゃダメ」「通常の学級ではこうした配慮はできません」「人の加配はむずかしい」ですとか、脅し文句を連ねて拒否する形になっています。「障害者権利条約」の精神に反してますよね。

【田中】子どもだけじゃなく大人も、自分の意見を表明する練習が必要だと思います。意見を言ってみて、相手の反応を受けて考え直す。「やっぱりこっちがやりたいです」とか「どうしてもこっちで一度やってみたい」という練習をしてい

く。そういうことを言える機会を保障して信頼関係をつくっていくことが、すごく重要。

大人側としての責任は、子どもの意見を聞いた後、提案を実現するにはこういう方法があるけど、どう考える？　と年齢に合わせてわかりやすく説明することが重要で、図を書いて説明したりする努力を惜しまずにやる。さらに結論はいつでも変更 OK にしておく。それができる環境、制度をつくっている側の大人が意識して用意する必要がありますね。

【野口】 権利を大事にして、それぞれの声が大事にされていく。

【田中】 方法論ももちろん重要なんだけど、なんのためにやるのか、子どもの権利を、障害のある方の権利をしっかり守るということが重要ですね。

【野口】 当事者は自分の意見を言っていいんだよ、自分のことを周りに伝えていいんだよということを一番伝えたいですね。

インタビューに応えてくれた方々もみんな試行錯誤しながら自分でいろいろなことを決めて、またもうちょっと考えて、また試行錯誤してって繰り返しされてきたので、それをする権利を誰もが持っていることは知ってほしいなと思います。それを支援者にも同じように、保護者にも同じように思ってほしい。

子どもの声を聞くこと、本人がどうしたいかを安心して言える環境を整えていく。すぐ解決はしないかもしれないけど、一緒に試行錯誤していくことが大事だから忘れないでいてほしいですね。

まとめ

メディアに取り上げられる発達障害の人の多くはギフテッドだったり、ものすごい才能を持っていたりして、等身大に近いロールモデルが身近にあまりいません。特別な人をモデルにしなくても自分なりの得意を伸ばしていける環境があれば、発達障害の人が学習へのモチベーションも保てるのに、周囲と自分自身の思いのギャップが埋まらないしんどさに悩んでいるのだと思います。

普通に学生生活を送り、悩み、困って、でも試行錯誤してきてちょっと自分のやり方が見えてきたかなという先輩が事例を寄せてくれました。みなさんの参考になれば幸いです。

【編者紹介】

野口晃菜（のぐち・あきな）

博士（障害科学）。一般社団法人 UNIVA 理事。小6でアメリカへ渡り、障害児教育に関心を持つ。その後筑波大学にてインクルーシブ教育について研究。小学校講師、民間企業研究所所長を経て一般社団法人 UNIVA の理事に就任。インクルージョン実現のために研究と実践と政策を結ぶのがライフワーク。文部科学省「新しい時代の特別支援教育の在り方に関する有識者会議」委員、「通常の学級に在籍する障害のある児童生徒への支援の在り方に関する検討会議」委員など。共著に『差別のない社会をつくるインクルーシブ教育 誰のことばにも同じだけ価値がある』（学事出版、2022）などがある。

田中裕一（たなか・ゆういち）

前文部科学省特別支援教育調査官。1970年生まれ。兵庫教育大学大学院特別支援教育コーディネーターコース修了。企業の社会人野球チームに所属した後、兵庫県内の知的障害者施設、県立特別支援学校（知的障害）に勤務。2014年から文部科学省初等中等教育局特別支援教育課特別支援教育調査官、2020年兵庫県教育委員会に戻り、特別支援教育課副課長。2022年から兵庫県立山の学校 学校長。
著書に『通常学級の発達障害児の「学び」を、どう保障するか』（小学館、2022）監修に『小・中学校でできる「合理的配慮」のための授業アイデア集』（東洋館出版社、2017）などがある。

■執筆者・協力者

やなぎともこ
M・O
長坂奏那
中西聡子
中尾優理
acco
H・M
Maki
深川　猛
永居鉄平（保護者：永居静香）
河髙素子
井上睦美
会沢冬翔
澤田和幸
菊地仁美
山本貴世
酒井
辻　風馬
岡野ともえ
宇樹義子
たなかともこ
小谷綾子
石本アツ子
榎並　綾
長橋幸雄
松本知大
戸子田有未

イラスト　いろけん
組版　Shima.
装幀　後藤葉子（森デザイン室）

LD（ラーニングディファレンス）の子が見つけたこんな勉強法
「学び方」はひとつじゃない！

2023年 9月20日　第1刷発行
2024年 2月20日　第3刷発行
編 著 者　野口晃菜＋田中裕一
発 行 者　坂上美樹
発 行 所　合同出版株式会社
東京都小金井市関野町 1-6-10
郵便番号　184-0001
電話　042（401）2930
FAX　042（401）2931
振替　00180-9-65422
ホームページ　https://www.godo-shuppan.co.jp
印刷・製本　株式会社シナノ

■刊行図書リストを無料進呈いたします。
■落丁・乱丁の際はお取り換えいたします。

ISBN978-4-7726-1539-6　NDC370　210 × 148